PETER SICHROVSKY

Der Antifa-Komplex

PETER SICHROVSKY

Der Antifa-Komplex

Das korrekte Weltbild

Universitas

© 1999 by Universitas Verlag in der
F. A. Herbig Verlagsbuchhandlung GmbH, München
Alle Rechte vorbehalten
Schutzumschlag: Wolfgang Heinzel
Satz: Fotosatz Völkl, Puchheim
Druck; Jos. C. Huber KG, Dießen
Binden: Großbuchbinderei Monheim
Printed in Germany
ISBN 3-8004-1372-8

Inhalt

Eingang   9

Das Jahrhundert der »Ismen« und »Anti-Ismen« . . 11
Das Gespenst der politischen Theorien 13
Politische Diversifikationen 15
Sozial-Ismen 17
Geld, Macht und Gerechtigkeit 19
Rechts und Demokratie 22
Die Illusion der Antifa-Demokratie 23

Faschismus/Nazismus – unheilbare Krankheiten? . . 27
Geschichtsloser Faschismus 30
Autoritär oder totalitär? 33
Die Idioten als Masse 34
Antifaschistische Orientierungsversuche 37

Marxismus und Antifaschismus – ein Oxymoron . . 41
Wer hat Auschwitz befreit? 42
Der »heilige« Irrtum 43
Propaganda gegen die Genossen 45
Hitlers Helfer Stalin 47
Antifa-Kongreß-Tourismus 50
Spaniens tödliche Falle 51
Sinnloser Widerstand 52
Der Pakt der beiden Teufel 54
Wer ist schuld? 55
Opfergemeinschaften 57

Neofaschismus und Neo-Antifaschismus 59
Wiederholungstäter auf beiden Seiten 60
Rassismus und Holocaust als letzte Bastion 62
Antifaschistische Wiederbetätigung 65
Antifa-Kultur oder Antifa-Kitsch 68
Der Schuldkomplex als Gesamtkunstwerk 70
Provokation der Gleichgültigkeit 73
Vergangenheit als Schreckgespenst 76

Antirassismus und Antifaschismus 79
Des Teufels Rasse 79
Rassist als Vorstufe zu Faschist 81
Rassismus als politische Forderung 83
Antirassistischer Philosemitismus 85
Modernisierung des Rassismus 86
Die kriminelle Angst 89
Antifa-Rassismus 92

Postfaschismus und Postantifaschismus 95
Das Alte im Neuen 96
Antifundamentalismus 98
Antifaschismus als Nativismus 100
Antikommunismus – Antifaschismus –
    Antisemitismus 102
Postfaschistoide Massenbewegungen 105

Antifa-Semitismus 109
Auschwitz als Reduktion 111
Antisemitismus als Nebenwirkung 113
Judenfreier marxistischer Widerstand 115
Zionismus und Antifaschismus 117
Antizionismus und Antifaschismus 121
Die Sehnsucht nach Sicherheit 125

Schuld ohne Scham – oder Scham ohne Schuld? ... 129
Haltet den Täter 132
Scham ohne Schuld 135
Dokumentationszentrum des österreichischen
   Widerstandes 139

Antifafreie Zukunftsmodelle 144
Moralisch-ethische Divergenzen 147
Antimoralische Lösungsmodelle 151
Demokratietherapie 154
Demokratiestabilität 156
Heimatlose Ausländerfeinde und -freunde 160
Falsch oder gefährlich 164

Politischer Fundamentalismus 167
Der »ewige Antifaschist« 169
Dialogische Demokratie 171
Der Antifa-Fundamentalismus 173
Der Kampf um das Gewissen 175
Mit dem Widerspruch leben 176
Demokratie ohne Antifaschismus 178
Die Einsamkeit der Antifas 179

Ausgang 183
Ende der Unschuld 185
Die Nachkriegskinder 187
Der Verrat 190
Kritikzirkus 193
Die wahren Mutigen 195
Die falschen Freunde 198
Der Onkel 199
Die Schuld der Väter 201
Der Opferstreit 203
Antifa als Orientierungshilfe 205

Literatur 207

Eingang

Hereinspaziert, meine Damen und Herren, in die Welt der Faschisten, Antifaschisten und ihrer Gegner. Hier finden Sie alles, was Sie tagtäglich in den Medien und in der politischen Auseinandersetzung um Vergangenheit, Gegenwart und Zukunft erleben. Ein unendlich weites Feld von Vorurteilen, Verurteilungen, Klischees, Überzeugungen, Ideologien, Meinungen, Analysen, Beurteilungen, Interpretationen, Phantasien usw. steht zur Verfügung. Hier können Sie endlich so sein, wie Sie immer sind, so denken, wie Sie immer schon denken wollten, und so reden, wie Sie immer reden. Dieses Buch über den Antifaschismus entspricht genau dem, was Sie erwartet hatten, und ist damit nichts anderes als die Bestätigung Ihres eigenen Vorurteils.

Es wird Ihnen zu rechts sein, wenn sie sich als Linker definieren, und natürlich viel zu weit links, falls sie ein Rechter sind. Es wird für den Kommunisten zu faschistoid, dem Faschisten zu kommunistisch und dem Liberalen viel zu verharmlosend sein.

Der Antifaschist wird es nicht lesen, der Faschist es nicht mögen und der Kommunist es verurteilen. Der Maoist wird sich lustig machen, der Kapitalist sich langweilen und der Intellektuelle den Tiefgang vermissen. Dem Optimisten fehlt im Buch die Zukunft, dem Pessimisten die Vergangenheit und dem Realisten die Gegenwart. Wissenschaftler suchen vergeblich nach Fußnoten, Ignoranten nach Bildern und Politiker nach ihrem eigenen Namen.

Funktionäre jüdischer Organisationen fühlen sich in ihrer Meinung über den Autor bestätigt, Schuldirektoren setzen es auf die Liste der verbotenen Bücher, Buchhändler weigern sich, es zu bestellen, und Bibliothekare ordnen es unter den Neuerscheinungen ein.

Das Buch ist der Türhüter vor dem Gesetz in Kafkas Erzählung und bewacht damit nur den persönlichen Eingang jedes Lesers, den jener nie durchschreiten wird. Hinter dem Tor wartet das Gesetz oder die Wahrheit, die jeder sucht und nie findet, weil sie kalt und herzlos die seelische Befreiung nur verspricht und nie einlösen kann. Das Gesetz als Vertreter der Gerechtigkeit verweigert sich dem Antifaschisten und seinem Kritiker, und keiner, der dieses Buch betritt, wird erlöst es wieder verlassen.

Das Buch ist weder für noch gegen den Antifaschismus. Es versucht weder ihn zu rechtfertigen noch zu vernichten. Seine Anhänger und Gegner werden weder als Helden noch als Verbrecher dargestellt.

Es ist eine Sammlung von kritischen Gedanken, Analysen, Überlegungen und persönlichen Erlebnissen, gesammelt und zusammengefaßt auf eine manchmal nicht unbedingt akademische Art und Weise für jene Leser, die zwar nachdenken, aber nicht unbedingt immer im Anschluß an Vordenker.

Der Autor hat nur einen einzigen Wunsch:

Nicht aufgeben während des Lesens, bitte durchhalten!

Nichts ist schlimmer, als ein gekauftes Buch nicht zu lesen!

Deshalb ersuche ich Sie, liebe Leserin und lieber Leser, dieses Buch trotz aller Enttäuschungen nur durch den Ausgang zu verlassen!

Das Jahrhundert der »Ismen« und »Anti-Ismen«

Das Glück des einzelnen, einer Gruppe, einer Gemeinschaft oder eines ganzen Volkes ist weder definierbar noch in seiner Vollständigkeit erfaßbar. Es bleibt eine phantasievolle Sehnsucht, die den Menschen sein Leben lang begleitet und ihn in seinen Handlungen bestimmt – unabhängig davon, ob er nun als einzelner oder als Teil einer Gruppe agiert.

Jede Kultur versucht seit ewigen Zeiten die Höllen in dieser Welt zu beschreiben. Sie alle werden getrieben von den Hoffnungen, in einem Paradies, das in der Gegenwart, in der Zukunft, im Himmel oder in einer anderen Welt liegt, jenes Glück zu finden, das in dem Zustand des Augenblickes vermißt wird.

Die Sehnsucht nach einem Idealzustand, der Freiheit und Geborgenheit gleichzeitig garantiert, beschäftigt seit eh und je Theologen, Philosophen, Soziologen, Psychologen und Politiker, die an der Entdeckung des Paradieses ihr Leben lang arbeiten. Die Führernaturen unter diesen Fachleuten für den Weg zum Glück gaben sich nicht mit der Beschreibung des richtigen Pfades zufrieden. Getrieben von der Lust nach Macht, Einfluß und Abhängigkeit, versuchten sie ihre Anhänger zu organisieren und zu mobilisieren und das Gefühl der Freude über die sich nahenden paradiesischen Zustände kollektiv zu erleben.

In den letzten zweihundert Jahren – seit der Französischen Revolution – ist das Wort »Freiheit« vom Zustand des Glücks nicht mehr zu trennen. Freiheit und Befreiung wurden die vielleicht meistbenutzten Wörter in den verschiedenen Theorien, die die Richtung ins Paradies auf dieser Welt versprachen und die Menschen aufforderten, sich den Bedingungen dieser ideologischen Einbahnen zu unterwerfen.

Während der Schlachtruf der Revolutionäre in Paris 1789 noch »Freiheit, Gleichheit und Brüderlichkeit« war, würde zweihundert Jahre später keine politische Bewegung mit diesen einfachen Wörtern mehr auskommen. Die Sprache hat sich geändert, so wie die Menschen und ihre Sehnsüchte sich veränderten.

In den fünfzig Jahren zwischen dem Sturm auf die Bastille und der Revolution von 1848 erlebte Europa einen Aufschrei nach Freiheit und Gerechtigkeit. Das Bürgertum kämpfte mit Unterstützung der Arbeiter und Studenten für politische Gerechtigkeit, Demokratie, freie Wahlen, Pressefreiheit und das Ende der autoritären feudalen Herrschaft des Adels. In unserem Jahrhundert sammelten sich die Menschen in politischen Bewegungen mit unterschiedlichem ideologischem Unterbau. Die Parteien, die diese Sehnsüchte verwalteten, verschanzten sich in Verwaltungszentren, Parteizentralen und politischen Akademien.

Sie kämpften nicht mehr für Ziele, die mit einfachen, für alle verständlichen Begriffen erfaßbar waren. Ihre Sehnsüchte verpackten sie in politische Theorien, die letzten Endes ihren Anhängern wiederum nichts anderes als das Paradies versprachen.

Dieses Buch beschäftigt sich mit dem Phänomen des Antifaschismus. Ein Verständnis dieses sehr unscharfen Begriffes und die politische und gesellschaftliche Einordnung des Umfeldes von Faschismus, Nationalsozialismus und Antifaschismus sind jedoch nur möglich, wenn man die Entwicklungen und Irrwege dieser Theorien berücksichtigt.

Keine dieser Theorien hat eine Eindeutigkeit wie etwa ein naturwissenschaftliches Gesetz. Wie bei einem feuchten Schwamm läßt sich die äußere Form verändern, verliert sie ihre Kontinuität, ist anpassungsfähig, geschmeidig und liegt in so mancher Hand, als hätte man sie nur für diese geschaffen.

Gefährlich werden die meisten Theorien durch ihre »Benutzer«, die auf der Grundlage eines gedanklichen Gebildes, das sich oft jeder Humanität und Logik entzieht, ihre Kampfmethoden organisieren und sie zum Einsatz bringen.

Das Gespenst der politischen Theorien

»Ein Gespenst geht um in Europa – das Gespenst des Kommunismus.« Mit diesem Satz beginnt das »Manifest der Kommunistischen Partei«, das Karl Marx und Friedrich Engels 1848 herausgaben. Dieses Datum kann auch als der Beginn des Zeitalters der »Ismen« festgelegt werden. Das Gespenst, das damals Europa überflog und die alte Herrschaft erschreckte, hatte nicht mehr die einfachen Konturen der Forderungen der Revolutionäre nach Freiheit, Demokratie und Mitbestimmung. Ein theoretisches Gebilde, turmhoch, endlos in die Breite sich dehnend mit Tausenden Aus- und Eingängen, bot jedem, der sich selbst zutraute, dieses Haus zu betreten, eine ideologische Heimat.

Politische Theorien wurden zu Käseglocken individueller und kollektiver Glücksvorstellungen.

In einer endlosen Vielfalt boten sich den Menschen Erklärungssysteme der gesellschaftlichen Realität an; verbunden mit einem Hinweis auf den einzig richtigen Ausgang in Richtung Freude, Erfolg und Zufriedenheit. Nicht mehr das Verhalten des einzelnen zählte, um letzten Endes seinen Frieden zu finden. Dieser einfache Ausweg, wie ihn die Religionen boten, hatte keine Bedeutung mehr.

Der Mensch des 19. Jahrhunderts wurde aufgefordert, seine Stellung in der Gesellschaft zu erkennen. Erst diese Erkenntnis sollte es ihm ermöglichen, Machtverhältnisse zu verstehen und in der entsprechenden Gemeinschaft mitzuwirken, die Herrschaftssysteme zu verändern. Neue Prediger boten sich an, neue Bibeln wurden verfaßt, und die Priester der traditionellen Religionen bekamen immer mehr Konkurrenz.

In den hundert Jahren nach den Märzrevolutionen in der Mitte des vorigen Jahrhunderts entstanden so viele verschiedene politische Theorien, daß nicht nur kein Lehrbuch sie erfassen kann, sondern über jede Theorie wurden noch unendlich viele Interpretationen entwickelt.

Jede politische Idee aus dem vorigen Jahrhundert provozierte eine Gegentheorie, die um Anhänger und Gefolgschaft warb. Die Menschen mußten sich entscheiden, ihre Gedanken ordnen und in ein System pressen, das ihren persönlichen Vorstellungen von Glück und Erfolg entsprach.

Es bildeten sich Gruppierungen und Koalitionen verschiedener Ideen, die all ihre Energie in den Kampf gegen den politischen Gegner steckten. Kapitalismus – Antikapitalimsus, Faschismus – Antifaschismus und Kommunismus – Antikommunismus waren die wichtigsten Konfliktpartner des zu Ende gehenden 20. Jahrhunderts.

14

Bevor wir jedoch auf die spezifischen Eigenheiten dieser Pro- und Kontra-Haltungen eingehen, sollten wir versuchen, die Herkunft und die Entwicklung dieser verschiedenen Richtungen zusammenzufassen.

Politische Diversifikationen

Die Diversifikation der ursprünglichen Ideen und Philosophien erschwert eine umfassende Analyse, und die Anhänger der verschiedenen Richtungen ein und derselben Theorie bekämpften sich oft aggressiver und intensiver als die Vertreter sich feindlich gegenüberstehender politischer Gruppen.

Alleine aus dem Kommunismus von Marx und Engels wurde der Leninismus, der Maoismus, der Trotzkismus, der Stalinismus, der Marxismus und der Neomarxismus, der demokratische Kommunismus und der Euro-Kommunismus, und diese Liste ist sicherlich nicht vollständig.

Schon bei dem Versuch, die Unterschiede hervorzuheben, stößt man sehr bald auf verschiedene Interpretationen, die die ideologische Grundlage des Autors verraten. Friedrich Engels selbst erklärte den Kommunismus als die Lehre von den Bedingungen der Befreiung des Proletariats. Seine Gegner würden wahrscheinlich mit seinen eigenen Worten den Kommunismus als die Lehre der Unterjochung der Menschen bezeichnen.

Die marxistischen Wörterbücher der ehemaligen DDR beschreiben den Leninismus als eine Weiterentwicklung der Theorien von Marx und Engels auf der Grundlage der Erfahrungen der russischen Revolution. Der Maoismus jedoch wird als »kleinbürgerlich verwurzelte politisch-ideologische Strömung« verurteilt, dessen Wurzeln in der veralteten Sozialstruktur Chinas liegen.

Konfuzianismus und Sinozentrismus (die Auffassung, wonach China das Zentrum der Welt sei und gegenüber anderen Völkern eine zivilisatorische Funktion zu erfüllen habe) beherrschen die Geschichtsauffassung Maos, und dessen revolutionäre Theorien stehen im Widerspruch zum Marxismus der europäischen Kommunisten. Natürlich wird in den Schriften Moskaus dem Maoismus vorgeworfen, daß dieser sich dem Klassenfeind nähern wolle und letzten Endes die Idee der Weltrevolution verraten würde.

Dennoch fand der Maoismus viele Anhänger, vor allem in der sogenannten Dritten Welt. Die antikolonialistischen Befreiungsbewegungen, die nach dem Zweiten Weltkrieg zum Beispiel in Algerien, Kuba, Vietnam und Angola kämpften, beriefen sich auf die Theorien von Mao und dessen erfolgreichen Kampf in China gegen die Japaner und den politischen Gegner.

Beim Stalinismus wird es noch komplizierter, da hier die unterschiedlichsten Theorien entwickelt wurden. Stalin gilt heute – ähnlich wie Hitler – als einer der Dämonen dieses Jahrhunderts. Daher ist der Begriff des »Stalinismus« oft der politische Antipode gegenüber dem »Faschismus«, wenn es gilt, einen Überbegriff für das »Böse« schlechthin zu finden.

Historisch gesehen beginnt der Stalinismus nach dem Tod von Lenin, 1924, und endet mit dem Tod Stalins, im Jahre 1953. Die politische Methodik des Stalinismus ist gekennzeichnet durch die totale Ausschaltung jeglicher Opposition und die Beurteilung aller praktischen und theoretischen Probleme des politischen Lebens nach den Aspekten des Machterhalts und der Machterweiterung.

Hier nähert sich die Theorie des Stalinismus in der Tat dem Faschismus und dem Nationalsozialismus. Beide Theorien gehen davon aus, daß nur eine exzessiv machtorientierte Ordnung der Innen- und Außenbeziehungen der Gesellschaft den Übergang zur politischen Utopie ermöglicht.

Schon in dieser vereinfachten Zusammenfassung kündigt sich das Potential des politischen Konfliktes zwischen diesen beiden Theorien an, das den Kampf »Faschismus – Antifaschismus« über Jahrzehnte beeinflußte.

Einen besonderen Stellenwert innerhalb der kommunistischen Ideologien nimmt der Trotzkismus ein. Diese nach dem russischen Revolutionär Leo Trotzki benannte Theorie berief sich einerseits auf die Sammlung seiner Schriften, andererseits entwickelte sich »Trotzkismus« auch zu einer diffamierenden Bezeichnung, die im Laufe der Jahre in der »offiziellen« kommunistischen Bewegung und in den Staaten des Ostblockes auf fast alle oppositionellen Strömungen angewandt wurde.

Trotzki selbst, wie in einem späteren Kapitel erklärt wird, versuchte immer auch in seinem Verständnis des Kampfes gegen den Faschismus seinen eigenen Weg zu gehen, der sich von den Vorstellungen Moskaus unterschied. Er und viele Tausende seiner Anhänger in der Sowjetunion haben letzten Endes für diesen individuellen Weg mit der Verbannung nach Sibirien und dem Leben bezahlt.

Sozial-Ismen

In der »Ismen-Gruppe« des Sozialismus findet sich ebenso wie im Kommunismus eine Unzahl von Varianten. In der Verbindung mit dem Wort »sozial« wurden Theorien entwickelt wie Sozialdemokratie, soziale Demokratie, soziale Marktwirtschaft, sozialer Anarchismus, sozialer Konservatismus, sozialer Rechtsstaat, Sozialfaschismus, Sozialliberalismus, Sozialpartnerschaft, Sozialstaat, Nationalsozialismus, demokratischer Sozialismus und viele andere.

Eine positive Interpretation sieht im Sozialismus das rechtlich geschützte Individuum in der Tradition der Französischen Revolution. Der Gesetzgeber hat die Grundrechte des einzelnen zu schützen, das Recht auf Eigentum, die persönlichen Freiheiten, die Presse- und Redefreiheit und die Religionsfreiheit.

Von Beginn an verteidigten die Vertreter der sozialistischen Visionen ihren Respekt vor der Demokratie. Wilhelm Liebknecht sagte bereits in den sechziger Jahren des 19. Jahrhunderts, daß Demokratie und Sozialismus nicht dasselbe, aber untrennbar miteinander verbunden seien. Er bezeichnete den Sozialismus ohne Demokratie als »After-Sozialismus« und die Demokratie ohne Sozialismus als »After-Demokratie«.

Die Marxisten sahen im Sozialismus den historischen Übergang vom Kapitalismus zum Kommunismus und gaben ihm nie eine Chance, sich als politische Utopie zu stabilisieren. Der Vergleich, der Kommunismus sei der Totengräber und der Sozialismus der Arzt am Krankenbett des Kapitalismus, beschrieb jedoch auch die innere Haltung der Kommunisten gegenüber den Sozialisten. Sie sahen die Sozialisten sehr bald nicht mehr als Partner auf dem Weg zum utopischen Kommunismus, sondern als größeres Hindernis als die bürgerlichen und faschistischen Parteien.

In der Phase der sprunghaften Entwicklung der beiden politischen Strömungen zu Beginn des 20. Jahrhunderts ergab sich eine fast schon paranoide Feindschaft zwischen den beiden Gruppierungen. Dies hatte einen verheerenden Einfluß auf die Opposition gegen die Herrschaft der Faschisten und Nationalsozialisten und ist mitverantwortlich für das Scheitern des internationalen Antifaschismus und des antifaschistischen Widerstandes.

Während beide Gruppierungen den Alleinvertre-

18

tungsanspruch hinsichtlich der »arbeitenden Massen« anmeldeten und sich weigerten, gemeinsam gegen die Parteien der Faschisten und Nationalsozialisten vorzugehen, führte dies zu einer fatalen Zersplitterung der internen und externen antifaschistischen Front.

In den Jahrzehnten nach dem Zweiten Weltkrieg strichen die sozialistischen und sozialdemokratischen Parteien das marxistische Vokabular Satz für Satz aus ihren Programmen. Forderungen wie die klassenlose Gesellschaft, Enteignung des Großkapitals, Verstaatlichung der Großindustrie, Ideologisierung der Kultur, Nationalisierung der Kindererziehung sind in den Publikationen der modernen sozialdemokratischen Parteien nicht mehr zu finden. Die Annäherung an die bürgerlichen Parteien war die Folge, und die Aufrechterhaltung der entscheidenden ideologischen Unterschiede fällt heute immer schwerer. Kaum eine politische Richtung aus dem vorigen Jahrhundert hat ihre Grundsätze so oft verändert wie die der Sozialdemokratie.

Dennoch versuchten beide Gruppierungen – die sozialistische und die kommunistische – den Alleinvertretungsanspruch hinsichtlich des Antifaschismus zu bewahren. Beide sahen sich in der stolzen Tradition eines kaum vorhandenen Widerstandes gegen die Nationalsozialisten und Faschisten und versuchten damit die Verantwortung für die faschistischen Massenbewegungen von sich zu weisen.

Geld, Macht und Gerechtigkeit

Als logische Gegner von Sozialismus und Kommunismus traten als politische und ökonomische Theorien der Kapitalismus, der Imperialismus, der Liberalismus und Neoliberalismus, der Konservatismus, der Parlamentarismus, der Syndikalismus, der Revisionismus und der Kritizismus auf. Grundlage all dieser verschiedenen Systeme ist ein entsprechendes Modell des Wirtschaftssystems und damit verbunden die Auflagen für die Verteilung der Machtverhältnisse und des Besitzes an Produktionsmitteln. Der Kommunismus erkennt in allen konservativen Strömungen ein System der Ausbeutung der Arbeiterklasse durch die Bourgeoisie, die den Anspruch auf den Besitz der Produktionsmittel nicht aufgibt.

Produktionsverhältnisse enden jedoch nicht bei einer einseitigen Wirtschaftstheorie, sondern sind auch gleichzeitig Herrschafts- und Klassenverhältnisse. Der Kapitalismus ist eine Folge der bürgerlichen Revolution und mündete direkt in einen bürgerlichen Staat, der die politischen und ökonomischen Schranken des feudalen, aristokratischen Systems durchbrach.

Während die marxistischen Kritiker noch eiferten, daß die Früchte der bürgerlichen Revolution und der sich entwickelnde Kapitalismus nur einer kleinen Oberschicht zugute kommen, die Masse des Volkes jedoch ausgebeutet und verarmt zurückbleibt, ist in den westlichen Demokratien in den letzten hundert Jahren genau das Gegenteil passiert. Die Einführung der parlamentarischen Demokratie und auch die Wirtschaftsliberalisierung in Diktaturen wie der VR China haben zu einer Verteilung des kapitalistisch erwirtschafteten »Mehrwertes« geführt, der mehr Wohlstand für die »Masse« des Volkes brachte als jede andere politische oder ökonomische Ordnung.

Die Weiterentwicklung der marxistischen Kapitalismuskritik führt zur Theorie des Imperialismus, den Lenin als die höchste Form des Kapitalismus bezeichnete. Die Kritik an der Verschmelzung von Produktion und Kapi-

20

tal zu Monopolen, der Vereinigung von Bankkapital und Industriekapital zu einer Finanzoligarchie, Kapitaltransport und territorialer Aufteilung der Welt unter den kapitalistischen Großmächten überschneidet sich auf vielen Ebenen mit der Kritik der Nationalsozialisten an den ökonomischen Verhältnissen.

Die grundsätzlichen Elemente des modernen Liberalismus sind von der Entwicklung des Kapitalismus nicht zu trennen. Gleichzeitig entzieht sich dieser vielfach benutzte Begriff jeglicher Definition und Einschränkung. Im Mittelpunkt des Selbstverständnisses des Liberalismus steht als Wert und Orientierungsnorm die Freiheit des einzelnen. Erst die Garantie dieser Bedingung schafft die Voraussetzung für eine bestmögliche persönliche und gesellschaftliche Weiterentwicklung.

Parallel zu dem Grundsatz der persönlichen Freiheit besteht der Liberalismus auf dem Recht auf Eigentum als zweitem Standbein einer stabilen gesellschaftlichen Struktur. In einer modernen liberalen gesellschaftlichen Realität zählt das uneingeschränkte Recht auf Privateigentum an den Produktionsmitteln zu den entscheidenden Unterschieden gegenüber den marxistischen und auch faschistoiden Theorien und macht den Liberalismus nicht selten zum Todfeind der beiden autoritären Strukturen.

Da jedoch der Antifaschismus von der marxistischen Ideologie getragen wurde, sah er im Liberalismus trotz der Freiheitssehnsucht und der ablehnenden Haltung gegenüber jeder Diktatur nie einen echten Partner. Die kapitalistische Struktur des Liberalismus war Grund genug für den marxistischen Antifaschismus, den Kampf der Liberalen für Freiheit zu ignorieren.

Heute wird die Verbindung des Begriffes »liberal« mit anderen politischen Ideen häufig benutzt, um eine Abschwächung der ursprünglich radikalen Forderungen auszudrücken. Linksliberal oder rechtsliberal wird als Unterschied zu linksextrem und rechtsextrem gesehen. Wirtschaftsliberalismus wiederum wird als eine befreite Form des Kapitalismus interpretiert, die der freien Marktwirtschaft alle Möglichkeiten offenläßt und dem durch Konzentration und Monopolisierung gekennzeichneten organisierten Kapitalismus keine Schranken setzt.

Rechts und Demokratie

Der Konservatismus ist heute ein kaum mehr scharf definierbarer Begriff. Im Naheverhältnis zu »reaktionär« und »rechts« bis »rechtsextrem« wurden Meinungen, Verhaltensmuster und Ideen aus dem Bereich des Konservatismus als das Gegenteil jeglichen Fortschrittes stigmatisiert. In der Sprache der Sozialisten und Kommunisten gilt »konservativ« als ein Kennzeichen für jede feindliche Idee, die der sozialistischen Zukunft entgegenwirkt.

Da der traditionelle Antifaschismus den Faschismus und Nationalsozialismus auf einer politischen »Links-rechts-Skala« der rechten Seite zuordnet, ergab sich dadurch auch zwangsweise eine Nähe der konservativen Strömungen zum Faschismus und Nazismus. Dies ist jedoch eine der dümmsten Geschichtslügen dieses Jahrhunderts, wenn sie auch ständig wiederholt und nachgeredet wird.

Das Hinwegschieben der historischen Verantwortung für den Nationalsozialismus auf die politisch rechte Seite durch die Linke wirkt vielleicht für die Nachkriegslinke befreiend und auch im Sinne der Schuldhaftigkeit erlösend, widerspricht jedoch allen historischen Tatsachen und Erkenntnissen.

Auch in bezug auf die Entwicklung des Neofaschismus wird dem Konservatismus von den linken Parteien eine oft unkritische Haltung vorgeworfen. Diese Kritik ist jedoch ähnlich wie jene in der Vorkriegszeit als Versuch zu verstehen, jede Nähe zu autoritären Strömungen von sich zu weisen und die Bedingungen für Neonazitum und Neofaschismus im Gedankengut der politisch rechten Seite zu sehen.

Die historische Einordnung des Nationalsozialismus als konsequente Fortsetzung politisch-konservativer kapitalistischer Theorien ist ein Interpretationsversuch der Linken, die dadurch versucht, bestehende demokratische konservative Strömungen in die Nähe des Faschismus zu drängen.

Konservative Ideologien versuchten sich immer schon zwischen Traditionalismus und Liberalismus einzuordnen und konnten als politische Parteien in den letzten Jahrzehnten in vielen Demokratien sehr erfolgreich agieren. Präsidenten und Regierungschefs wie Churchill, de Gaulle, Reagan, Kohl, Thatcher kommen aus Parteien, die sich als »konservativ« einstufen, und hatten einen entscheidenden Einfluß auf die demokratische Entwicklung des Westens in diesem Jahrhundert.

Die Illusion der Antifa-Demokratie

Die extreme Vielfalt an politischen Theorien und die oft wahl- und sinnlose Kombination von Begriffen hat in den Nachkriegsjahren zu einer Ermüdung bei der Zielgruppe der politischen Aktivisten geführt. Verwirrende und auch widersprüchliche politische Wegbeschreibungen in das Paradies und ein gewisses Mißtrauen der Bevölkerung gegenüber politischen Propheten hatten einen

Fatalismus, eine Apathie und Resignation gegenüber politischen Utopien zur Folge.

Die Ein- und Ausgrenzung des politischen Gegners durch Etikettierung mit ideologischen Schlagworten führte weiter zu einer Verflachung der intellektuellen politischen Auseinandersetzung. Eine uniformierte Sprache, unter der sich niemand mehr etwas vorstellen konnte, ersetzte mehr und mehr eine Diskussion um mögliche politische Richtungen in der Demokratie oder jene, die eine Demokratie gefährden. Vor allem politische Slogans wie »Faschist«, »Antifaschist« sowie »Kommunist« und »Antikommunist« wurden zu Erkennungsmerkmalen für Gleichgesinnte – ähnlich wie in den sechziger Jahren Kleidung und Haartracht. Und wenn schon nicht mehr das gemeinsame Ziel vereinte, so wenigstens der gemeinsame Feind.

Wenn eine moderne Demokratie das Grundrecht der freien Willensbildung und eine soziale Gerechtigkeit garantieren will, so ist jede Kritik des Andersdenkenden immer auch eine moralische Verurteilung, wenn dessen Gedankenwelt als »undemokratisch« verurteilt wird. Damit endet der Dialog, bevor er noch begonnen hat.

Die Demokratie ist heute die Meßlatte für jede politische, philosophische, religiöse und ökonomische Theorie. Nach ihren Grundsätzen wird eine politische Meinung als dialogfähig akzeptiert, oder sie wird als für die Demokratie gefährlich verworfen.

Die Dialogfähigkeit bietet endlose Möglichkeiten zur Ein- und Ausgrenzung von politischen Gegnern, und die Antihaltung gegenüber einer gesellschaftspolitischen Theorie erfährt durch den Hinweis auf die Verteidigung der Demokratie ihre Rechtfertigung.

In diesem willkürlichen Konvolut von Verdächtigungen, Denunziationen, Verurteilungen und Ausgrenzungen bewegt sich der moderne und doch schon so antiquierte Antifaschismus. Mit den Methoden und Argumenten der Vorkriegszeit versucht eine kleine Gruppe von Ewiggestrigen einen Kampf gegen die selbst erkannte Gefahr zu organisieren und stört damit den historischen Versuch, zum erstenmal in der Geschichte der Menschheit demokratische Grundlagen und Bedingungen für ein friedliches Zusammenleben trotz aller Konflikte und Meinungsverschiedenheiten zu schaffen.

Der Antifaschismus ist nicht die Bedingung für eine funktionierende Demokratie, sondern das entscheidende Hindernis. Der Grund hierfür liegt nicht in den undemokratischen, diktatorischen und totalitären Ideen, die er vertritt, sondern in dem grundlegenden Mißverständnis der Bedingungen eines demokratischen Zusammenlebens.

Faschismus/Nazismus –
unheilbare Krankheiten?

Im Herbst 1997 konnten die Abgeordneten im Europäischen Parlament in Straßburg eine lautstarke Debatte zwischen einem Vertreter der deutschen Sozialdemokraten und einem der französischen Nationalen Front miterleben.

Der Abgeordnete aus Frankreich erklärte in seiner Wortmeldung, daß er die unkontrollierte Zuwanderung von ausländischen Arbeitskräften aus Nordafrika als einen der wichtigsten Gründe für Arbeitslosigkeit und Kriminalität in seiner Heimat sehe. Er sprach sich für die Verschärfung der Einwanderungsgesetze und die Abschiebung der illegalen und kriminellen Ausländer aus.

Als nächster hatte ein Vertreter der deutschen Sozialdemokraten das Wort. Er schrie seinen französischen Kollegen an, nannte ihn einen Faschisten und bezeichnete sich selbst nicht ohne Stolz als einen Antifaschisten. Er bedauerte ferner, daß sein Gegenüber hier im Plenum des Parlamentes überhaupt das Recht habe, diese faschistoiden Meinungen lautstark zu verbreiten.

Dann meldete sich der Franzose wieder zu Wort und konterte mit einer Geschichte aus seinem Leben. Er selbst mußte als Kind während des Krieges mit seinen Eltern vor den Deutschen flüchten, unter denen vielleicht sogar der Vater des SPD-Abgeordneten gewesen sei. Sie konnten damals nur durch Zufall ihr Leben retten. Er verbiete sich die Beschimpfung als Faschist von einem, der aus einem Land komme, das ganz Europa ins Unheil stürzte.

Der SPD-Mann war sprachlos, also sprang ein anderer deutscher Abgeordneter, diesmal von der CSU, auf und schrie, daß es eine Frechheit sei, hier mit Kollektivschuld zu argumentieren.

In weniger als fünf Minuten wurde hier europäische Geschichte der letzten siebzig, achtzig Jahre wiederholt. Es begann mit einer Kritik der Einwanderungspolitik der französischen Regierung durch einen Vertreter der Nationalen Front, die den Ruf einer rechtsextremen Partei hat. Daher wurde auch die Aussage des Abgeordneten vom Vertreter der deutschen Sozialdemokraten als rechtsextrem, also demokratiefeindlich und faschistoid erkannt. Der französische Vertreter wurde somit in das Lager der Faschisten verbannt unter der Annahme, daß er zwar demokratisch gewählt sei, aber dennoch nicht auf einer moralischen Stufe mit dem deutschen Sozialdemokraten stehen könne, der ja von seiner Überzeugung her ein Antifaschist ist.

Die Wähler des Sozialdemokraten sind eben andere als die des französischen Faschisten. Ob sie nun bloß »anders« oder etwa dümmer oder ignoranter oder am Ende ebenfalls Faschisten sind, wer weiß das schon.

Offensichtlich ist gewählt nicht gewählt in der jungen Geschichte der europäischen Demokratie, und eine Stimme ist nicht gleich viel wert wie die andere.

Der Franzose konterte mit seinem eigenen Schicksal und argumentierte, daß er – sozusagen als Opfer des Faschismus – selbst kein Faschist sein könne. Er entschuldigte damit nicht nur seine politische Meinung, sondern stellte einen historischen Zusammenhang her zwischen sich als Nachkomme der Opfer und der Herkunft seines Kritikers von der Seite der Täter. Logik seines Argumentes: Nur die Nachkommen der Täter können auch wieder Täter sein, nicht aber die Nachkommen der Opfer.

Er erklärte damit einen wichtigen Faktor der Nachkriegsidentität der Europäer, die bereits bis in die dritte Generation unter den Folgen des Nationalsozialismus und Faschismus leiden. Die Nichtverarbeitung der Familiengeschichte macht die einen bis heute zu Kindern und Enkeln von Opfern und die anderen zu Nachkommen von Tätern – unabhängig von ihren eigenen Überzeugungen und Argumenten.

Der deutsche Konservative wiederum verteidigte seinen linken Kollegen mit dem Hinweis, daß nicht jeder Deutsche und schon gar nicht jeder Nachkomme der damals lebenden Deutschen ein Täter sein könne. Eine kollektive Verurteilung weise er mit Empörung zurück. Warum allerdings diese Empörung? Hatte der Franzose überhaupt von kollektiver Schuld gesprochen? Im Gegenteil! Er hatte den Vater des deutschen Sozialdemokraten unter den Tätern vermutet, die für die Flucht seiner Familie verantwortlich waren. Individueller kann eine Schuldzuweisung nicht sein, und die richtige Verteidigung auf diesen Vorwurf wäre eine Klarstellung der Situation des Vaters des Sozialdemokraten gewesen. War er damals dabei oder nicht? Wenn nicht, so stimmt der Vorwurf nicht, und der Sozialdemokrat braucht sich auch nicht für seinen eigenen Vater zu schämen, was er übrigens als Sohn auch nicht müßte, selbst wenn sein Vater an der Vertreibung der französischen Familie beteiligt gewesen wäre.

Das Ergebnis waren eine völlig unnötige Verteidigung des linken Deutschen durch den konservativen Deutschen und ein ebenso sinnloser Angriff gegen den Franzosen. Es kam zu einem Schulterschluß der Deutschen und einer gegenseitigen Unterstützung, wie sie bei politischen Fragen undenkbar wäre.

Die Situation kann auch anders analysiert werden. Dem deutschen Sozialdemokraten genügte die nach seinen Ansichten falsche politische Interpretation der hohen Arbeitslosigkeit und Kriminalität in Frankreich durch den Abgeordneten der Nationalen Front für ein Etikettieren als »Faschist«. Dieser habe eben nicht eine »andere« politische Meinung hier vertreten, sondern eine »kriminelle«.

Der Franzose ließ sich nicht als »kriminell« von jemandem bezeichnen, der selbst aus einer »kriminellen« Familie kommen könnte. Und der Retter des deutschen Sozialdemokraten von der CSU wollte nicht wahrhaben, daß alle deutschen Soldaten »Kriminelle« gewesen sind, und schon gar nicht ihre Kinder.

Ging es hier nun um die Einwanderungsgesetze in Frankreich oder um die Aufarbeitung der europäischen Geschichte des Faschismus und Nationalsozialismus?

Geschichtsloser Faschismus

Das Substantiv »Faschismus« und all die sprachlichen Variationen inklusive Adjektiv und Adverb sind so sehr in unsere Sprache übernommen worden, daß die historischen Wurzeln kaum noch eine Bedeutung haben. Für die meisten Menschen heute sind Faschismus und Nationalsozialismus Überbegriffe für Nihilismus, Gewalt, Rassismus, Ausbeutung, Imperialismus, Tierversuche, Hühnerfarmen, Abtreibung, ökologische Zerstörung, Atomlobby und in einer absurden Form sogar für perverse Elemente der Sexualität wie Uniform, Sadomasochismus, Disziplin, Unterwürfigkeit, Männerbindungen und Hörigkeit.

Diese Assoziationen haben in der Tat ihre Berechtigung, denn nie zuvor hat sich eine politische Bewegung in eine derartige kollektive Barbarei verändert wie der Nationalsozialismus in Deutschland. Der Nazismus schuf ein satanisches System von Tod und Verderben, das die aus rassischen Gründen Diskriminierten genauso brutal verfolgte wie die politischen Gegner.

Viele der Mitkämpfer des Attentatsversuch im Juli 1944 gegen Hitler wurden an Klavierdrähten aufgehängt, die an einem Fleischhaken befestigt waren. Die Hinrichtungen wurden gefilmt, um dem Führer später die Möglichkeit zu bieten, sich dieses Schauspiel in seinem Arbeitszimmer, bequem in seinem Lehnstuhl sitzend, anzusehen.

Doch hinter der heute oft klischeehaft vereinfachten faschistischen Bewegung der ersten Hälfte dieses Jahrhunderts stand eine von Intellektuellen, Kleinbürgern, Unternehmern, Arbeitern und auch Künstlern unterstützte politische Idee, die ihre Wurzel sowohl in der linken als auch in der rechten Tradition hatte, weder kapitalistisch noch kommunistisch war, sondern einen radikalen »dritten Weg« suchte.

Die Stärke der Gemeinschaft gegenüber dem Individuum und die kollektive Ablehnung einer ganzen Liste von »Feinden« schufen eine Antihaltung, die sich in Italien und Deutschland zu einer Massenbewegung entwickelte – doch nirgends sonstwo in Europa. In Großbritannien erreichte die Arbeitslosigkeit zu Beginn der dreißiger Jahre annähernd gleiche Prozentsätze wie in Deutschland. Es bot sich sogar eine Nazipartei an mit Aufmärschen, Flugblättern und einer vergleichbaren Propaganda wie in Deutschland. Dennoch hatte sie keinen politischen Erfolg. Wieso also in Deutschland und Italien?

Der Mythos der kleinbürgerlichen, fettbauchigen, primitiven Nazis, wie sie Karikaturen aus den 20er Jahren zeigten, entspricht ebenfalls nicht der Realität. Die nationalsozialistischen Studentenparteien waren bereits erfolgreich, als die NSDAP noch eine kleine Oppositionspartei war. Bei den Wahlen zum Reichstag im Juli 1932 und im Januar 1933 wählten mehr Arbeiter die Nationalsozialisten als die Sozialdemokraten und die Kommunisten gemeinsam.

Auch die Künstler machten mit. Die Theater spielten weiter, die Oper mußte nicht schließen, weil keine Künstler mehr bereit waren aufzutreten, Bilder wurden gemalt, Bücher geschrieben. Das kulturelle Leben fand keine Unterbrechung. Professoren schworen ihren Eid auf die NSDAP, und Filmschauspieler buhlten um die besten Rollen. Das Leben ging weiter, und jeder wollte an dem Aufschwung teilhaben.

Als der Schauspieler Emil Jannings nach dem Krieg wegen seiner Aktivitäten während der Nazizeit angeklagt wurde, zeigte er dem Richter seine Verträge, die er als Filmschauspieler zwischen 1933 und 1945 angeboten bekommen hatte. Hätten Sie vielleicht abgelehnt bei diesen Summen? fragte er den Richter.

Der moderne Antifaschismus orientiert sich dabei an einem historisch unklaren Bild des Faschismus, das sich über all diese Tatsachen hinwegsetzt. Die Phantasie der geeinigten Front der Anständigkeit gegen das Böse ordnet die Menschen je nach Beruf, sozialer Stellung und Herkunft unter die einen oder anderen. Besonders lächerlich ist dabei die Selbsteinschätzung der sogenannten Intellektuellen und Künstler. Elfriede Jelinek schreibt noch in dem 1998 erschienenen Buch »Delikt:

Antifaschismus« von den Künstlern, die es immer schon wußten und immer schon auf der richtigen Seite waren.

Autoritär oder totalitär?

Historiker streiten bis heute über die Frage, ob die Ursprungsform des Faschismus in Italien in der Tat einen totalitären Charakter hatte. Selbst Hannah Arendt bestreitet dies in ihrem Buch »Elemente und Ursprünge totalitärer Herrschaft«. Sie führt als Beweis die geringe Anzahl an politischen Verhaftungen und die milden Strafen für politische Gegner an.

In den Jahren von 1926 bis 1932, in einer Zeit, als die Faschisten in Italien besonders aggressiv regierten, verhängten die Sondergerichte für politische Angeklagte insgesamt nur sieben Todesurteile und zweihundertsiebenundfünfzig Gefängnisstrafen von zehn oder mehr Jahren. Bei dreizehnhundertsechzig Personen lag die Strafe unter zehn Jahren.

Im gleichen Zeitraum wurden jedoch insgesamt zwölftausend Personen verhaftet und wieder freigesprochen. Weder in Deutschland noch in der Sowjetunion ist Vergleichbares geschehen.

Die Nationalsozialisten selbst bestanden auf dem Unterschied zwischen dem italienischen »ethnischen Staat« unter Mussolini und dem »Weltanschauungsstaat« unter Hitler. Goebbels selbst schrieb in seinem Tagebuch, daß Mussolini kein »Revolutionär wie Hitler oder Stalin« sei und daß ihm die Fähigkeit für einen »Weltrevolutionär« abgehe.

Im Laufe der Jahre verachteten vor allem die Deutschen nationalsozialistischen Führer immer mehr den italienischen Faschismus, und Hitler selbst fand mehr Faszination am Kommunismus.

Die verfeinerte Form des Faschismus findet jedoch im Sprachgebrauch der modernen Antifaschisten keine Verwendung. Antinationalsozialismus oder Antinazismus hat sich nie durchgesetzt. Die Gründe liegen wieder in den historischen Wurzeln des Antifaschismus, denn die Marxisten wollten unter keinen Umständen, daß in ihrem bösen Spiegelbild das Wort »sozialistisch« vorkommt.

Stärkstes Argument der Antifaschisten ist sicherlich der Holocaust, obwohl jedem halbwegs historisch Gebildeten klar ist, daß der Faschismus nicht zum Holocaust führte. Der Wahnsinn der Konzentrationslager rechtfertigt heute jede Aktion, die diesen Massenmord in der Zukunft angeblich verhindert.

Doch so wie Antisemitismus und Auschwitz zwei verschiedene, nicht miteinander vergleichbare Ebenen des Rassismus sind, können der Faschismus und auch nicht der Nationalsozialismus alleine auf die Ermordung der Juden reduziert werden. Diese Argumentation kann nur als »religiös« bezeichnet werden. Wie Kinder mit der Drohung konfrontiert werden, an Gott zu glauben, da jeder Fehler damit endet, nach dem Tod in der Hölle zu landen.

Die Idioten als Masse

Am 29. Oktober 1932 wurde in Rom eine Ausstellung in Erinnerung des zehnten Jahrestages des Beginns der »Faschistischen Revolution« eröffnet. Im »Raum R« konnten die Besucher eine exakte Nachahmung des Büros von Mussolini sehen, wo er als Journalist gearbeitet hatte. Über dem Eingang stand: »Dux (Führer) 1919–1922«.

Dieser Raum erinnerte daran, daß es nur drei Jahre gedauert hatte, bis Mussolini von der Gründung seiner politischen Bewegung bis ins Zentrum der Macht vorstieß. So schnell er allerdings die Macht an sich gerissen hatte, so schnell verschwand er auch wieder. Ganze 26 Jahre dauerte der Spuk, der Europa in die größte Tragödie seiner Geschichte stieß.

Am 23. März 1919 kamen nur etwa hundert Personen zur ersten Versammlung, zu der der ehemalige Star der sozialistischen Bewegung in Italien, Benito Mussolini, auf dem Platz San Sepolcro in Mailand rief. Zwanzig Jahre später begann Hitler den Zweiten Weltkrieg, sechs Jahre später war alles zu Ende.

Faschismus und Nationalsozialismus und der Antifaschismus gegenüber – das kuriose an allen drei Strömungen ist die Tatsache, daß nicht einmal ihre eigenen Anhänger eine gültige Definition schufen.

In den mehr als fünfzig Jahren seit dem Ende des Zweiten Weltkrieges wurden über Faschismus, Nationalsozialismus und Holocaust mehr Bücher geschrieben, als man im Laufe eines ganzen Lebens lesen könnte.

Keine zwei Wissenschaftler stimmen mit ihren Faschismustheorien überein, und jedes Lehrbuch und wissenschaftliche Werk bietet seine eigenen Erklärungen. Kein Wunder also, wenn in dieser unendlich großen Interpretationsmöglichkeit des Faschismus und Nazismus auch der entsprechenden Antihaltung keine Grenzen gesetzt werden.

Jede Interpretation des Faschismus provozierte eine Antitheorie. Die von Erich Fromm beschriebenen unterschiedlichen Deutungsversuche des Faschismus von der rein ökonomischen auf der einen Seite bis zur psychologischen Interpretation auf der anderen Seite – jede Analyse bot dem antifaschistischen Antipoden eine Bühne für seine Theorie.

Während den Ökonomen unter den Faschismusforschern eine antikapitalistische antifaschistische Reaktion entgegengesetzt wurde, so reagierten die Soziologen und Psychologen mit den entsprechenden Psychogrammen auf die psychologische Erklärung des Faschismus.

Jede dieser Antihaltungen verzichtete jedoch auf eine Erklärung der demokratischen Alternative und sah ihre Funktion in der reinen Verhinderung des Bösen. Erkennen und Bekämpfen – eine Verhaltensweise der Antifaschisten, die an den Liedertext von Helmut Qualtinger erinnert: »Ich weiß zwar nicht, wo ich hin will, aber dafür bin ich schneller dort.«

Übereinstimmung finden die Wissenschaftler jedoch in ihrer Analyse des Faschismus im Massenphänomen. Die Unterordnung des Individuums kommt in allen Schriften der Faschisten und Nazis vor.

Goebbels versucht in seinem Roman »Michael« eine Ähnlichkeit zum Sozialismus zu erklären:

»Sozialist sein: das heißt, das Ich dem Du unterordnen, die Persönlichkeit der Gesamtheit zum Opfer bringen.« Erst der Verzicht auf das Recht auf eigene Meinung, individuelle Interessen und das private Glück macht den Menschen reif für Sozialismus und Faschismus.

Die Reduzierung des einzelnen auf ein Zahnrad im faschistoiden System ist die gemeinsame Basis aller Faschismusforscher und könnte eine ideale philosophische Grundlage für eine umfassende antifaschistische Theorie sein. Doch mitnichten. Diese so wichtige Einschränkung der Persönlichkeit wird in Umkehr nicht unbedingt als antifaschistisch erkannt. Der Grund hierfür liegt in der sinnlosen Konkurrenz des Antifaschismus mit der Demokratie, die diese Freiheiten wesentlich glaubwürdiger vertritt.

Die Verteidigung der Freiheit des Individuums würde

dem Anspruch auf eine antifaschistische Massenbewegung widersprechen, wie sie sich zum Beispiel in den
Lichterketten spiegelte. Die Sehnsucht nach Masse unter
den Antifaschisten motiviert ihre Vertreter immer wieder zur Organisation von Aufmärschen, Demonstrationen und Protesten, die immer dann als besonders erfolgreich gelten, wenn möglichst viele Menschen sich der politischen Meinung der Organisatoren unterwerfen.

Die Mobilisierung der Massen hat auch in den Nachkriegsjahren gezeigt, daß sie jeder Logik widerspricht.
Während gegen Atomkraft, Ausländerhaß und Vietnam-
krieg Hunderttausende auf die Straße gingen, schwiegen
die Massen bei Pol Pot, Idi Amin und der Jugoslawienkrise. Die Irrationalität der politischen Motivation der Massen hat sich wenig geändert in den letzten Jahrzehnten.

Antifaschistische Orientierungsversuche

Eher ratlos sind die Wissenschaftler bei den Erklärungsversuchen, warum Faschismus und Nationalsozialismus
nur in Italien und Deutschland eine so mächtige Regierung bilden konnten. Gibt es einen nationalen Charakter, der die Machtübernahme der Faschisten begünstig-
te? Sind historische Ursachen verantwortlich oder die
Familienverhältnisse, die autoritäre Erziehung, die Unterwürfigkeit gegenüber Vorgesetzten, die revolutionslo-
se Geschichte der Deutschen? Oder der Katholizismus
der Italiener, die staatenlose Geschichte, die einen über-
triebenen nationalen Stolz zur Folge hatte?

Woran orientiert sich dann der Antifaschismus?

Am Rassismus, dem Antisemitismus, dem Nationalismus, dem Antikommunismus, dem Antikapitalismus,
dem Totalitarismus, der Kriegslust, der Massenhysterie,

der Euthanasie, der Zensur, der Meinungsdiktatur, der nationalsozialistischen Erziehung, der industriellen Massenvernichtung?

Für die einen war der Faschismus eine »kleinbürgerliche Protestbewegung« gegen die eingreifenden Veränderungen im Zeitalter des monopolistischen Kapitalismus. Der Kommunist Dimitroff sah darin eine »offene terroristische Diktatur der reaktionären, am meisten chauvinistischen, am meisten imperialistischen Elemente des Finanzkapitals«. Jede Ideologie, jede politische Richtung und jede Wissenschaft entwickelte ihre eigene Faschismustheorie.

Die Uneinigkeit und auch die Widersprüche der unzähligen Faschismustheorien gehen auf die politischen Ursprünge des Betrachters zurück.

Hier gruppieren sich antifaschistische Aktivisten und Faschismustheoretiker. Beide verbindet die ideologische Kinderstube und führt sie in eine Richtung, in der sie letzten Endes Erklärungen und Antihaltungen finden. Erst mal dort angekommen, sichert man sich im argumentativen Netz ab und läßt keinen Zweifel mehr zu.

So wie es für den Marxisten keine Trennung zwischen der Geschichte des Kapitalismus und des Faschismus gibt, kann es für den Antifaschisten keine zwischen seiner Interpretation des Faschismus und seiner Antihaltung geben.

Doch auch der Unterschied der beiden ist eklatant. Für den Marxisten endet mit dem Ende des Kapitalismus auch die Gefahr des Faschismus. Er sieht einen Hoffnungsschimmer am Horizont, und seine Theorien versprechen das Paradies nach dem Aus des politischen Gegners.

Der Antifaschismus kennt keine Sehnsucht und kein Paradies, das er anstrebt und wofür es sich lohnt zu kämpfen. Es ist eine kalte, theorielose Remonstration, die den Schrecken benötigt, um aktiv zu werden. Er braucht den Faschismus wie der Schauspieler seinen Text, denn ohne ihn kann er nicht auf die Bühne, und es gibt keine Vorstellung.

Der Antifaschismus ist das Antimodell des Schreckens ohne echte Alternative, da ihm jede Begabung fehlt, das System des Schreckens zu analysieren und erklären. Er lebt von der Bedrohung und leidet unter dem Ausbleiben des Unwetters wie der Wettermann im Fernsehen.

Die willkürliche Auswahl sogenannter faschistoider Verhaltensweisen ergibt die Möglichkeit zur Korrektur ohne ein entsprechendes Bedürfnis in der Gesellschaft. Selbst innerhalb der professionellen Antifa-Bewegung in Deutschland führte diese Inhaltsleere zu Enttäuschungen, und viele Gruppen lösten sich in den letzten Jahren auf oder verließen den Dachverband der »Antifaschistischen Aktion/Bundesweite Organisationen«. Der Verfassungsschutzbericht des Landes Nordrhein-Westfalen aus dem Jahr 1996 beschreibt die Entwicklung des Zerfalls der Antifa-Front, der seine Ursachen vor allem in der immer schwieriger werdenden Definierbarkeit des »faschistischen« Gegners hat.

Der natürliche Zerfall der antifaschistischen Ideologie reiht sich historisch gesehen an den Zerfall des Faschismus in Europa und erleidet ein ähnliches Schicksal wie der Antikommunismus. Wer dennoch den Kampf für die Demokratie als das oberste Gebot seines politischen Kampfes sieht, sollte die modernen Gefahren der Demokratie erkennen lernen und sich nicht damit begnügen, die Vergangenheit als Motiv seines Handelns zu benutzen.

Marxismus und Antifaschismus –
ein Oxymoron

Eine der Grundthesen des modernen Antifaschismus ist die Reduzierung der Auseinandersetzung zwischen Faschismus/Nazismus auf der einen und Demokratie auf der anderen Seite auf den Kampf zwischen links und rechts. Diese Simplifizierung ist sowohl politisch als auch historisch falsch und setzt sich über die Geschichte Europas in diesem Jahrhundert einfach hinweg.

Endlos könnten hier Analysen präsentiert werden, die beweisen, daß Nationalsozialismus mehr mit Sozialismus zu tun hatte als mit Nationalismus oder in manchen Bereichen dem Kommunismus ähnlicher war als der Sozialismus.

Fachleute für politische Orientierungen wetteifern dabei mit der Sprache jener, die sie vorgeben zu bekämpfen. Selbstverständlich werden der politischen Richtung »rechts« die Hörner des Teufels aufgesetzt, während »links« sich seit ewigen Zeiten für Demokratie und Freiheit einsetzte – außer den wenigen, die zwar irrten, aber wenigstens gute Vorsätze hatten.

Wer hat Auschwitz befreit?

Eine Tatsache bleibt jedoch unbestritten: das Versagen der antifaschistischen Bewegungen im Kampf gegen faschistische Diktaturen.

Keine der marxistischen Parteien – ob kommunistisch oder sozialistisch oder sozialdemokratisch – hat den Faschismus oder Nationalsozialismus verhindert oder frühzeitig beendet. Keiner von ihnen gelang es, die Massen so zu begeistern wie ihre politischen Gegner. Kein kommunistisches Regime kam durch eine freie Wahl an die Macht.

Wie zwei Spiegelbilder standen sich faschistoide und marxistische Bewegungen im ersten Drittel des 20. Jahrhunderts gegenüber, und der Aufstieg der einen war von der Hilflosigkeit der anderen begleitet.

Sowohl in Italien wie in Deutschland bot die Linke der Bevölkerung keine Alternative und konnte nicht verhindern, daß sich Arbeiter, Künstler und Intellektuelle – das Reservoir der Marxisten – in Scharen den Faschisten und Nationalsozialisten anschlossen.

Während in Skandinavien die Sozialdemokraten die Regierung übernahmen – in Dänemark 1929, in Schweden 1932 und in Norwegen 1934 –, fanden sie in Deutschland und Italien keinen Weg, sich als populäre Alternative zu den Faschisten durchzusetzen. Die drei wichtigsten demokratischen Staaten dieser Epoche wurden von Regierungen verschiedener Couleur – einer konservativen in Großbritannien, einer Mitte-links-Regierung in Frankreich und einer liberalen in den USA geleitet.

Auch in diesen Ländern, so wie allen anderen europäischen, konzentrierte sich die Linke von Beginn an auf den »Antifaschismus« und verzichtete darauf, auf die unmittelbaren Probleme der Menschen wie Arbeitslosigkeit und Kriegsgefahr einzugehen. Die politische Entscheidung in der Wahlzelle wurde mehr oder weniger kampflos den Nationalsozialisten überlassen, und der Appell an die Treue gegenüber der Arbeiterpartei war eine der schlimmsten Fehleinschätzungen des arbeitenden Volkes.

Von Beginn an wurde der »Kampf gegen den Faschismus« für die Linke eine Angelegenheit von Moral und Ethik, fast könnte man sagen: eine Frage der »politischen Hygiene«. Der Gegner wurde nicht auf einer politischen Ebene bekämpft, sondern ähnlich wie bei einem »heiligen Krieg« galt der Nationalsozialismus als eine Vereinigung von »Ungläubigen«, deren Argumente es nicht wert waren, auch nur beachtet zu werden.

Die Linke fand keine Sprache, die von den Massen verstanden werden konnte. Damals wie auch heute wurde der politische Gegner als ein »Verbrecher« verurteilt und damit auch seine gesamte Anhängerschaft.

Diese Methode hat sicherlich seit dem Ende des Krieges und dem Wissen über die Verbrechen der Faschisten und Nationalsozialisten einen gewissen propagandistischen Effekt. Während der zwanziger und dreißiger Jahre, als es noch möglich gewesen wäre, den Nationalsozialismus in der Wahlzelle zu besiegen, war der Verzicht auf eine politische Auseinandersetzung ein fataler und für ganz Europa tödlicher Fehler.

Der »heilige« Irrtum

Der marxistische – oder »linke« – Antifaschismus scheiterte bereits in den Vorkriegsjahrzehnten an der mangelnden Fähigkeit, zwischen Demokratie, Kapitalismus, Sozialdemokratie, Faschismus, Kommunismus und Nationalsozialismus zu unterscheiden. Seit dem Untergang der kommunistischen Staaten und der Öffnung der Archive der ehemaligen Ostblockländer gibt es zahlreiche ernstzunehmende historische Untersuchungen über die Fehler der Marxisten im Kampf gegen den Faschismus.

Der antidemokratische Ansatz der Kommunisten, die fast schon peinliche Selbstüberschätzung und die Unterschätzung der Nationalsozialisten in den zwanziger und dreißiger Jahren wurden von der kommunistischen, aber auch sozialdemokratischen Geschichtsschreibung bis vor kurzem ignoriert.

Der demokratische Rechtsstaat war in der Zeit vor der Machtergreifung Hitlers für die extreme Linke genauso ein Gegner wie für die extreme Rechte. Die Ankündigung von Lenin, daß der Kapitalismus als eine Gewaltherrschaft gegen die Arbeiterschaft von einer Welle von Revolutionen weggefegt werden würde, blieb revolutionäre Rhetorik. Als dann in den Jahren nach 1918 außer in Rußland in keinem einzigen europäischen Land den Kommunisten der Umsturz gelang, wurde die »Verrätertheorie« über Sozialisten, Sozialdemokraten und nichtkommunistischen Gewerkschaften entwickelt.

Faschismus blieb der Höhepunkt eines »imperialistischen Systems«, und nur die Veränderung der gesellschaftlichen Umstände konnte auch den Faschismus besiegen. Auf dieser irren Theorie baute sich die gesamte linke »Antifaschismustheorie« auf, und auch heute noch schmücken sich Dutzende sogenannter »Antifa-Gruppen« mit altmarxistischem Vokabular wie »antiimperialistischer Kampf« usw.

Auf dieser antikapitalistischen Grundlage wurde der Faschismus zum »Wischiwaschi-Begriff« deformiert, der sich auf alles und nichts anwenden ließ. Der darauf aufbauende sogenannte »wehrhafte« Antifaschismus rechtfertigt nicht nur die Gewalt gegen die nationalsozialistischen Führer, sondern auch gegen die demokratisch legitimierte Staatsgewalt und alle anderen, die eine andere politische Meinung vertreten.

In dieser Periode der Entwicklung der marxistischen Antifa-Theorie und -Strategie wurde die Grundlage für die noch heute gültige Interpretation der Gegner der Antifaschisten geschaffen. Feind und damit Faschist kann mangels der entsprechenden Definitionsmöglichkeiten jeder politische Gegner sein. Damit wiederholt die moderne Linke die Fehler der Vergangenheit und setzt den politischen Kampf der kommunistischen Antifaschisten heute fort.

Propaganda gegen die Genossen

Die Hauptverantwortung für das Versagen der Linken in den Jahren vor der Machtergreifung der Nationalsozialisten tragen sicherlich die Kommunisten. Noch zu Beginn der dreißiger Jahre erklärte der Leiter der westeuropäischen Zentrale der Kommunistischen Internationale in Berlin, Georgi Dimitrov, daß es die primäre Aufgabe der Kommunisten sei, den politischen Einfluß der Sozialdemokraten zu »liquidieren«. Danach würden die Kommunisten Hitler und die Nazis, die seiner Meinung nach in Deutschland niemand ernst nahm, im »Abfallkübel der Geschichte« deponieren.

In den Jahren vor der endgültigen Niederlage der Linken im Januar 1933 konzentrierten die Kommunisten ihren Propagandakrieg vor allem auf die Sozialdemokraten, womit man den Nationalsozialisten letzten Endes den Weg zur Macht ebnete. Die Sozialisten waren für die Kommunisten die eigentlichen Gegner und direkten Wegbereiter für den Faschismus.

Im Januar 1931 soll Dimitrov angeblich ein geheimes

Rundschreiben an alle Funktionäre der Kommunistischen Partei verschickt haben, in dem er dazu aufrief, die Aktionen der Nationalsozialisten zu unterstützen, um den Zerfall des demokratischen »Blocks« zu beschleunigen, der Deutschland regierte.

Von Beginn an flüchteten sich linke und linksradikale politische Führer in die Phantasie der Revolution der Arbeiterschaft. Hitler war ihrer Meinung nach der Führer der Kleinbürger und der Bourgeoisie und würde nie die Massen der Arbeitenden hinter sich haben.

Ein Geflecht von Fehleinschätzungen, irrealen Vorstellungen und falschen politischen Analysen auf seiten der Linken löste eine Katastrophe aus und führte Europa an den Rand des Abgrunds. Beide linken Bewegungen – die Kommunisten und die Sozialisten – waren völlig überzeugt, daß sie den Nationalsozialismus jeder für sich alleine besiegen könnten. Beide behaupteten über Jahre, daß die Arbeiter hinter ihnen stehen und sich jederzeit für den Kampf gegen die Nazis mobilisieren lassen würden.

Die internationale Organisation der Sozialisten erklärte noch 1931, es gäbe keinen Zweifel, daß die deutschen Arbeiter den deutschen Faschismus besiegen würden. Bei jedem Kongreß in dieser Zeit wurde entsprechend der marxistischen Tradition der Sieg des internationalen Proletariats gegen den Faschismus angekündigt.

Wie wir heute wissen, ist nichts dergleichen geschehen. Im Gegenteil, die Arbeiter – vor allem in Deutschland und Italien – gaben nicht nur den neuen Führern ihre Stimmen, sondern verweigerten auch ihren alten Genossen jede Unterstützung, nachdem diese sich in die Illegalität geflüchtet hatten.

Die einzige Bewegung, die damals unabhängig von Kommunisten und Sozialisten versuchte, einen Kampf gegen die Nationalsozialisten zu organisieren, war die

»Internationale Friedensbewegung«. Henri Barbusse versuchte noch 1932 einen Antikriegskongreß zu organisieren mit Teilnehmern, die unabhängig von politischer Überzeugung nur ihren Kampf gegen den Krieg als gemeinsames Ziel hatten.

In den Monaten vor dem Kongreß gab es endlose Diskussionen und Auseinandersetzungen, wer aus welcher Partei wieviel Sitze in dem zu bildenden Komitee haben sollte. Barbusse versuchte die verschiedenen internationalen kommunistischen und sozialistischen Organisationen davon zu überzeugen, daß seine Idee genau das Gegenteil erreichen wolle. Nur individuelle Personen und keine Organisationen und Parteien mit ihren Delegationen sollten den Kongreß dominieren.

Es war alles umsonst. Zwar trafen sich im Amsterdam 1932 in der Tat zweitausend Teilnehmer zu dem »Weltkongreß gegen den Krieg«, doch die meisten Teilnehmer kamen von kommunistischen Organisationen, die durch massenweise Beschickung des Kongresses ihn total dominierten.

Die meisten Redner lobten die Sowjetunion und den Kommunismus. Über den Faschismus wurde kaum gesprochen. Ein mit berühmten Namen geschmücktes Komitee gegen Krieg und Faschismus wurde gebildet, das Persönlichkeiten wie Albert Einstein, Heinrich Mann, Bertrand Russell, Maxim Gorki, Upton Sinclair und viele andere nannte. Wichtig war den Herrn in Moskau nur, wer diesem Komitee vorstand.

Hitlers Helfer Stalin

Stalin verbot allen Kommunisten einem Komitee anzugehören, das nicht von einem Genossen aus der Partei geführt wurde. Sozialisten wurden von Stalin verurteilt, weil sie gegen den Kommunismus seien und die Sowjetunion nicht unterstützten. Den steten Aufstieg der Nationalsozialisten beobachtete man mit Schadenfreude und der Hoffnung, daß die Arbeiterschaft demnächst zur Revolution rufe.

Die große Ausnahme unter den Kommunisten war Leo Trotzki, der 1928 von Stalin nach Alma Ata und ein Jahr später aus der Sowjetunion verbannt wurde. Trotzki, der nur wenige Anhänger unter den Intellektuellen hatte und von den Arbeitern praktisch überhaupt nicht gelesen wurde, kritisierte den sogenannten »Antifaschismus« der Kommunisten schärfer als jeder andere. Die Gleichstellung der Sozialisten mit den Nationalsozialisten durch die Kommunisten war für Trotzki der eigentliche Grund dafür, daß der »linke« Antifaschismus scheiterte.

Bereits im September 1930 schrieb er, daß der »Faschismus in Deutschland eine echte Gefahr« darstelle und daß die einzige Chance im Kampf dagegen eine geschlossene linke Einheitsfront sei. Die Komintern, die Kommunistische Internationale, sei kein geeignetes Instrument, um die Sozialisten zu besiegen, sondern sollte sich auf den Kampf gegen die Nationalsozialisten konzentrieren.

Wenige Jahre später wurde Trotzki im Auftrag Stalins ermordet.

Die Ratlosigkeit und Unentschlossenheit der Linken setzten sich auch nach der Machtergreifung Hitlers fort. Dessen Ernennung zum Kanzler im Jahr 1933 war sowohl für die Sozialisten wie für die Kommunisten ein Beweis für den Verrat der jeweils anderen. Sie beschuldigten einander, für den Erfolg der Nazis verantwortlich zu sein, und träumten weiter von einer Revolution der Arbeiter, die dem Spuk der Nationalsozialisten ein baldiges Ende bereiten würde.

Der spätere Regierungschef der DDR, Wilhelm Pieck, sagte am 6. Februar 1933 – also wenige Tage nach dem Wahlsieg der NSDAP – bei einer Versammlung der KPD, daß er keinen Grund für Pessimismus sehe und sich die Kommunisten der Unterstützung der arbeitenden Massen sicher sein könnten.

Das Trauerspiel der linken Antifaschisten setzte sich in den nächsten Monaten und Jahren fort. Die Festigung der Macht der Nationalsozialisten durch eine breite Unterstützung in der Bevölkerung und die täglich neuen diktatorischen und undemokratischen Maßnahmen und Gesetze änderten die Haltung der Sozialisten und der Kommunisten nicht. Sie stritten weiter, wer die »echten« Antifaschisten seien, wer in welchem antifaschistischen Komitee die Führung übernehme und wer für den Erfolg der Nationalsozialisten die Verantwortung trage.

Einzelne wache Köpfe in der internationalen kommunistischen Bewegung wagten einen Sonderweg und bezahlten später schwer dafür. Josef Guttmann, einer der Führer der tschechischen Kommunisten, griff die KPD in einer Serie von Artikeln in der kommunistischen Zeitung in Prag, *Rude Pravo,* scharf an und machte sie für den Fall der Weimarer Republik verantwortlich.

Er forderte die Sozialisten in Prag auf, nicht den gleichen Fehler wie ihre deutschen Genossen zu machen und gemeinsam mit den Kommunisten eine Front gegen Nationalsozialismus und Faschismus zu bilden.

Die Sozialisten verweigerten die Zusammenarbeit und stellten sich damit auf die gleiche Ebene der Ignoranz und Intoleranz wie ihre Genossen in Deutschland und den anderen europäischen Ländern. Doch auch Moskau intervenierte sofort und verlangte eine Änderung des

Kurses der KP der Tschechoslowakei. Guttmann weigerte sich und wurde wenige Monate später aus der Kommunistischen Partei ausgeschlossen.

Antifa-Kongreß-Tourismus

In den Jahren bis zu Beginn des Zweiten Weltkrieges reihte sich Kongreß an Kongreß in den verschiedensten Ländern. Ein Weltjugendkongreß in Paris, ein Antikriegskongreß in New York, einer in Schanghai und in Australien, ein anderer in Paris, in der Schweiz, in Mexiko und Brüssel. Linke Funktionäre reisten durch die Welt und hielten flammende Reden gegen den Faschismus, den Nationalsozialismus und vor allem gegen ihre Feinde auf der »linken« Seite.

Die blutigen Auseinandersetzungen in Österreich und Frankreich im Jahr 1934 ermöglichten zumindest in diesen beiden Ländern eine kurzfristige Zusammenarbeit von Sozialisten und Kommunisten. Doch Moskau setzte seinen sturen Kurs fort, und in der *Prawda* konnte man über die Februarkämpfe in Wien lesen, daß die österreichischen Sozialdemokraten so wie ihre deutschen Freunde mithülfen, damit der Faschismus siege.

Die beiden führenden marxistischen Philosophen dieser Epoche, Arthur Rosenberg und Herbert Marcuse, analysierten den Faschismus als eine antiliberale Bewegung, die nur im Kapitalismus möglich sei. Beide kamen zu dem Schluß, daß deshalb eine Koalition mit dem »Klassenfeind« gegen den Faschismus eine Illusion sei.

All diese Theorien unterstützten die Strategie Stalins, jede Zusammenarbeit mit Nichtkommunisten zu verweigern und lieber den nationalsozialistischen Feinden den Weg zum Sieg zu ebnen, um dann die »Arbeitermassen«

50

für den kommunistischen Aufstand zu mobilisieren. Selten zuvor in der Geschichte der Menschheit wurde die historische Realität so falsch eingeschätzt und hatte eine Fehlbeurteilung derart katastrophale Konsequenzen.

Einen Versuch, die Gegner der Faschisten unter einer neutralen Flagge zu sammeln, gab es im Jahr 1934. Deutsche Schriftsteller, die bereits im Exil lebten, versuchten mit anderen Kollegen aus den verschiedenen europäischen Ländern einen internationalen Schriftstellerkongreß gegen den Krieg zu organisieren.

Doch wieder verhinderten endlose Debatten mit den Kommunisten unter den Schriftstellern jede Einigung. Diese forderten, daß ein »antifaschistischer Schriftsteller« nur erfolgreich gegen den Krieg kämpfen könne, wenn er innerhalb der kommunistischen Bewegung arbeite, was wiederum von vielen abgelehnt wurde, und so redeten und redeten sie, und nichts passierte.

Spaniens tödliche Falle

Die nächste »antifaschistische« Katastrophe war der Bürgerkrieg in Spanien. Sechzigtausend Freiwillige kamen nach Spanien, um eine faschistische Diktatur zu verhindern. Ein Viertel von ihnen starb auf dem Schlachtfeld und in den Gefangenenlagern. Der spanische Bürgerkrieg faszinierte viele junge Menschen, Intellektuelle und Künstler in Europa, den USA und Südamerika. Zum erstenmal konnten sie gegen den Faschismus mit der Waffe kämpfen, und nur etwa die Hälfte der Freiwilligen kam aus kommunistischen Bewegungen.

Sosehr Moskau zu Beginn die Armee der Internationalen Brigaden mit Waffen, Geld und Medikamenten unterstützte, befürchtete Stalin nach wenigen Monaten, daß den Kommunisten die Kontrolle der Führung entgleiten könnte.

Das Ende des spanischen Bürgerkrieges gehört zu den Tragödien dieses Jahrhunderts. Stalins Geheimpolizei ermordete Dutzende der eigenen Genossen als »Agenten der Faschisten« und zerstörte systematisch die Einheit der Internationalen Brigaden. In seinem Wahn, daß sich hier eine Bewegung bilden könnte, die einen Kampf gegen den Faschismus führt, ohne daß gleichzeitig die Macht der Kommunisten angestrebt wird, ließ er Menschen ermorden, die freiwillig für den »antifaschistischen« Kampf in den Krieg zogen.

George Orwell, einer der prominentesten Schriftsteller auf seiten der Internationalen Brigaden, kam nicht nur mit einer Halswunde aus Spanien zurück, sondern auch als glühender Antikommunist. Kommunisten hätten seiner Meinung nach die gleiche Berechtigung zu existieren wie ein »Schwein mit zwei Köpfen«. Vieler seiner Reportagen über Spanien wurden von den linken Zeitungen in England nie abgedruckt.

Sinnloser Widerstand

In den Jahren 1938 und 1939 gab die Führung der KPD in Moskau den Befehl, die NSDAP zu »unterwandern«, um – wieder einmal – den Umsturz vorzubereiten. Tausende Funktionäre der Kommunistischen Partei Deutschlands bezahlten diesen absurden und tödlichen Befehl mit dem Leben. Ungeschult in politischem Widerstand und ausgeliefert einer Bevölkerung, in der selbst ein Großteil der ehemaligen Kommunisten die Nationalsozialisten unterstützte, war es den Nazis ein leichtes, diese »U-Boote« sofort zu entdecken.

Einen der wenigen Versuche, sich von Moskau zu lösen, inszenierten die deutschen Kommunisten, die nach Paris geflüchtet waren. 1937 veröffentlichten sie einen Aufruf und appellierten an alle politische Gruppen, sich für den Kampf gegen Hitler zu vereinen. Der Aufruf wurde von einigen Sozialdemokraten – unter ihnen Willy Brandt – und vielen Intellektuellen wie Heinrich Mann, Lion Feuchtwanger, Stefan Zweig, Ernst Toller und Egon Erwin Kisch unterzeichnet.

Moskau reagierte mit Panik und Haß. Stalin verdächtigte von diesem Tag an alle deutschen Intellektuellen des Verrats an der Sowjetunion. Willi Münzenberger, ein deutscher Kommunist, der an der Vorbereitung dieses Aufrufes maßgeblich beteiligt war, wurde nach Moskau beordert und stundenlangen Verhören ausgesetzt. Nur durch einen Zufall überlebte er diesen »Besuch« und konnte nach Paris zurückkehren.

In den nächsten Monaten begann eine erschreckende Hetzjagd nach deutschen Emigranten in der Sowjetunion. Nahezu siebzig Prozent aller Flüchtlinge, die Deutschland meist mit ihren Familien verlassen hatten, um ihr Leben zu retten, wurden verhaftet, und viele von ihnen verschwanden ohne jeden Prozeß. Nicht nur deutsche Kommunisten, sondern auch Russen und Freiwillige aus anderen Ländern, die in Spanien kämpften, fielen in diesen Jahren dem Stalinschen Morden zum Opfer.

Doch Stalins langer Arm reichte weit über die Sowjetunion hinaus. Der deutsche Kommunist Münzenberger, der in Paris lebte, wurde 1937 aus der KPD ausgeschlossen. Einige Jahre später fand man seine Leiche in Frankreich. Bis heute weiß niemand, wer ihn ermordet hat.

In den Jahren vor Beginn des Krieges wurden die Aktionen der antifaschistischen Linksfront immer verzweifelter und sinnloser. Auf das Münchner Abkommen im

September 1937 reagierte man nur mehr mit Ratlosigkeit. Die Kommunisten schlugen weiter verbal auf ihre Hauptfeinde, die Sozialdemokraten und die Pazifisten, ein. Auch die sozialistischen Parteien in Europa konnten sich auf keine gemeinsame Linie einigen.

Manche – wie die britische Labor-Partei – kritisierten den Pakt. Andere – wie die französischen Sozialisten – begrüßten ihn. Die Sozialisten in Belgien, Holland, der Schweiz und in Skandinavien erklärten ihre Neutralität.

Der Pakt der beiden Teufel

Doch es kam noch schlimmer. 1939 verkündete Stalin während des 18. Parteitages der Kommunistischen Partei der Sowjetunion, daß er mit jedem Land einen Friedensvertrag abzuschließen beabsichtige, das die Grenzen der Sowjetunion garantieren würde. Niemand nahm diese Worte besonders ernst. Man kannte die Rhetorik Stalins und wußte, daß die verbalen Allgemeinheiten nichts mit dem brutalen Alltag des Regimes zu tun hatten.

Einige wenige erkannten jedoch sehr wohl, was diese Worte bedeuteten. Unter ihnen Trotzki, der sofort bemerkte, daß damit zum erstenmal das nationalsozialistische Deutschland als möglicher Vertragspartner nicht namentlich ausgeschlossen und angegriffen wurde. Es war in der Tat die Vorankündigung des Vertrages mit Deutschland.

Die große antifaschistische Internationale reagierte wie vom Blitz getroffen, als Stalin und Hitler im August 1939 ihren Vertrag abschlossen. Die Sprache der kommunistischen Funktionäre und ihre Publikationen in den folgenden Wochen und Monaten waren ein wirres Gemisch von Erklärungsversuchen. Alle schluckten sie die

Entscheidung unter dem Motto: Stalin hat recht, weil er immer recht hat.

Die Organisationen der Sozialdemokraten und Sozialisten wußten überhaupt nicht mehr, was sie sagen sollten. Alle verstanden jedoch, daß mit dem Nichtangriffspakt zwischen Stalin und Hitler die Idee der marxistischen antifaschistischen Front wie ein trockenes Stück Brot zerbröselte. Es war das Ende der großen Kongresse, das Ende der großen Worte und das Ende der Antifa-Funktionäre. Der letzte Kongreß der Sozialisten fand am 3. April 1940 statt mit den üblichen Resolutionen gegen Krieg und Faschismus. Keiner nahm ihn mehr ernst, und keiner hörte mehr zu.

Wer ist schuld?

Im Jahr 1939 begann der Zweite Weltkrieg, der Millionen von Gefallenen, Ermordeten und eine Zerstörung, wie sie Europa noch nie in seiner Geschichte erlebt hatte, bringen sollte. Die Nationalsozialisten brauchten nur sechs Jahre, um die gesamte Bevölkerung für diesen Krieg zu mobilisieren. Das Volk stand geschlossen hinter Hitler. Alle historischen Untersuchungen der letzten Jahrzehnte haben dies bewiesen, und absurderweise wird diese Tatsache auch oft von deutschen Wissenschaftlern benutzt, um das »Teuflische« an den Deutschen zu beweisen. Der Widerstand war marginal und fand vor allem keine Unterstützung in der Arbeiterschaft, auf die sich die revolutionäre Umwälzung des Systems laut Strategie der Marxisten stützen sollte.

Die Stabilität eines autoritären Systems hängt immer von der Unterstützung in der Bevölkerung ab und von der Effektivität seiner Gegner. Die Verantwortung für den rasanten Aufstieg der Nazis in Deutschland nur den Linken zuzuschreiben wäre sicherlich eine einseitige Interpretation und ist ebenso falsch wie die Umkehr der Argumentation durch die Linken, daß nur die Rechte schuld sei.

Die Verantwortung allerdings, daß es den Nationalsozialisten so leicht gemacht wurde, die Macht zu ergreifen, daß es so wenig Widerstand gab und dieser so schlecht und unwirksam organisiert war, diese Verantwortung kann die Linke nicht von sich weisen.

Der Antifaschismus der Marxisten war niemals ein Kampf gegen die Diktatur der Nazis und Faschisten. Er war manchmal ein rhetorisches Geplänkel, manchmal auch ein Kampf um Leben und Tod innerhalb der Linken, und oft bezahlte ein begeisterter Kommunist mit seinem Leben, weil er einen sinnlosen Befehl aus Moskau ausführte, der letzten Endes die Nazis mehr unterstützte als schwächte.

Sechzig Jahre später kann mit dem Wissen der heutigen Zeit leicht argumentiert werden. Es fehlt jedoch bei der mit Recht geforderten rücksichtslosen Aufklärung der Nazizeit die Aufarbeitung der Geschichte des Antifaschismus.

Die moderne Antifa-Bewegung hat hier noch sehr viel nachzuholen. Die objektive Analyse der historischen Tatsachen kann sich nicht auf eine Tätergeneration beschränken, die die alleinige Verantwortung für den Zweiten Weltkrieg und den Holocaust trägt. Der durch Kommunisten organisierte Antifaschismus hatte eine entscheidende Mitverantwortung für die Katastrophe des Nationalsozialismus.

Opfergemeinschaften

Auch der schreckliche Tod so vieler Kommunisten in den Konzentrationslagern und Gefängnissen ändert daran nichts. Die Ermordung der Kommunisten und anderer politischer Gegner in den Todeslagern der Nazis stellt diese Gruppen nicht mit jenen auf eine Stufe, die aus rassischen Gründen verfolgt und getötet wurden. Der Mord schafft keine Gemeinschaft der Opfer und leider auch keine Entschuldigung. Bei all dem Schrecken muß sorgfältig unterschieden werden, warum jemand von den Nazis verschleppt, verhaftet und ermordet wurde.

Der politische Häftling hatte immer eine Wahl. Er konnte für das Regime sein oder dagegen, er konnte irren oder auch nicht, sich anständig verhalten oder als Feigling überleben, doch es war immer seine persönliche Entscheidung.

Der rassisch Verfolgte hatte nie eine Möglichkeit, sich zu entscheiden. Selbst wenn ein Jude, Halb- oder Vierteljude ein glühender Anhänger Hitlers gewesen wäre – man hätte ihn dennoch ermordet.

Die Opfertheorie der Linken ist deshalb nicht vergleichbar mit der Rassenpolitik und dem Holocaust, auch wenn sich die Kommunisten gerne in die erste Reihe der Verfolgten stellen möchten. Die Kommunisten im Widerstand unterwarfen sich einer ebenso teuflischen diktatorischen Ideologie wie ihre politischen Gegner. Sie befolgten die Befehle der Partei, und jene, die überlebten, nutzten ihre Macht in der DDR und anderen kommunistischen Ländern gegen das Volk wie die Führer des NS-Regimes.

Wenn heute linke Historiker versuchen, den kommunistischen Widerstand als Grundlage der demokratischen Entwicklung nach dem Ende des Krieges zu sehen, so wird hier versucht, ein Hochhaus auf Sand zu bauen. Das schlechte Gewissen wegen der in der Tat oft schrecklichen Schicksale der Kommunisten in den Konzentrationslagern kann nicht entscheidend für die Entschuldigung der totalitären Grundhaltung der Marxisten sein. Nicht nur wogegen die Kommunisten kämpften ist wichtig, sondern auch wofür. Eine moderne antifaschistische Bewegung hat kein Recht, in einer Demokratie politisch aktiv zu werden, ohne die eigene totalitäre Geschichte so aufzuarbeiten, wie sie es von den Nationalsozialisten fordert.

Neofaschismus und Neo-Antifaschismus

Wie im letzten Kapitel beschrieben, scheiterte in der ersten Hälfte dieses Jahrhunderts die marxistische Linke daran, sich als Alternative für Faschisten und Nationalsozialisten durchzusetzen. Der Großteil der Menschen in Italien und Deutschland verehrte Hitler und Mussolini, und es gab kaum ein diktatorisches Regime in der Neuzeit, das einen so großen Prozentsatz der Bevölkerung hinter sich wußte.

Die grausamsten und absurdesten Gesetze wurden unterstützt und befolgt, ihr Sinn oder ihre Berechtigung nie in Frage gestellt. Moralische Zweifel gab es nicht, außer sie betrafen den Widerstand gegen die Machthaber.

Der Schock über diese kollektive Barbarei eines zivilisierten Volkes beschäftigt heute noch Historiker, Psychologen, Politologen, aber auch jeden einzelnen, der entweder familiär mit den Ereignissen verbunden ist oder die Zeit des Nationalsozialismus als eine Epoche in der Geschichte seines Landes versucht zu verstehen.

Die Niederlage des Faschismus und des Nationalsozialismus mit dem Ende des Zweiten Weltkrieges hätte logischerweise auch das Ende dieser beiden politischen Bewegungen – und ihrer Antipoden – bedeuten müssen.

Doch es kam anders. Mit neuen Begriffen wie Neofaschismus und Postfaschismus etikettierte die Gesellschaft, die sich außerhalb dieser Gruppen definierte, politische Bewegungen, die sie als Fortsetzung der alten Ideologien erkannte. Plazierte sich selbst daher in der Fortsetzung der angeblichen Gegnerschaft dazu.

Antifaschismus ist deshalb ein so moderner und zeitloser Begriff geworden, weil die Vertreter dieser Richtung einen Weg fanden, durch Zuordnung von vergangenheitsbezogenem Verhalten und Denken zu anderen sich selbst politisch und moralisch-ethisch zu definieren.

Wiederholungstäter auf beiden Seiten

Doch inwieweit ist der sogenannte Neo- und Postfaschismus mit dem traditionellen Faschismus vergleichbar? Ist er eine Fortsetzung der Vergangenheit, wie manche der Antifaschisten argumentieren? Birgt er die Gefahr einer Wiederholung?

Oder ist es eine neue Bewegung, nicht minder gefährlich, die diesmal mit weitaus effektvolleren Mitteln bekämpft werden muß, um keine Wiederholung des Scheiterns der Antifaschisten zuzulassen?

Der moderne Antifaschismus befindet sich hier in einer Zwickmühle, die ihm jedoch wenig Sorgen bereitet. Er scheitert bei dem Versuch, den modernen Faschismus zu definieren. Er kann keine Unterschiede zur Vergangenheit beschreiben und beschränkt sich auf das Verteufeln einer möglichen Wiederholung der Geschichte. Die neuen Gefahren, die er für die Zukunft sieht, sind die alten, die in den Geschichtsbüchern vergraben liegen.

Er will sich auch gar nicht mit den neuen politischen Bewegungen beschäftigen. Der Antifaschismus lebt vom Schrecken der Vergangenheit. Seine Warnungen sind so alt wie seine historischen Vorbilder und deshalb auch so wertlos.

Die neuen Gefahren für die Demokratie sind nach Ansicht der Antifaschisten die alten in einer neuen Verpackung. Man muß so argumentieren, sonst wäre man gezwungen, seine Aufgaben neu zu definieren und sie mehr auf die Ebene der Verteidigung der Demokratie zu plazieren; und das war schon immer ein Problem der Antifaschisten.

In den letzten Jahren kam es zu einer inflationären Verbreitung von autoritären Bewegungen und Parteien in Europa, deren Zuordnung auf einer Rechts-links-Skala nicht so einfach vorzunehmen ist.

Die neu-alten nationalen kommunistischen Bewegungen in den Ländern des ehemaligen Ostblocks sind mit ihren Forderungen und politischen Methoden den rechtsextremen Gruppierungen im Westen Europas sehr ähnlich. Die Überlappung von linken und rechten ideologischen Traditionen schuf neue Parteien, die es dem traditionellen Antifaschismus nicht so einfach machen, mit der gewohnten Sicherheit das Böse zu erkennen.

Wie sollten zum Beispiel Bewegungen beurteilt werden wie der »Faschistische Maoismus« des Belgiers Jean-François Thiriart? Oder die italienische Gruppierung Lotta di Popolo von Serafino di Luia? Die PDS in Deutschland?

Der Stil der Führer der neuen Bewegungen hat sich verändert. Nationalismus ist nicht mehr ein allciniges Kennzeichen der rechten politischen Gruppierungen. In Griechenland haben alle Parteien – von extrem rechts bis extrem links – nationalistische Programme.

Der Antikommunismus der Konservativen hat keinen aktuellen Bezug mehr seit dem Fall der Mauer. Dennoch wird das Schreckgespenst der »Roten Front« in Deutschland als Argument gegen die Koalition zwischen SPD und PDS eingesetzt.

Verwirrend und schwer zu erklären sind die Verbindungen der linksextremen Gruppen in Deutschland, Italien und Irland mit den Terrororganisationen im Nahen Osten, zu denen auch mehrere rechtsextreme Splittergruppen gute Kontakte haben.

Ein Teil der extremen Rechten ist gegen die NATO, gegen die USA und gegen Israel. Sie gleicht mit diesen Forderungen exakt der Propaganda der extremen Linken. Der sogenannte Antiimperialismus, der schon lange nicht mehr in der Tradition von Lenin verstanden wird, taucht immer wieder in den Broschüren der antifaschistischen Linken auf. Heute wird damit das angebliche Bestreben der USA beschrieben, militärisch und ökonomisch die Welt zu beherrschen.

Extreme Rechte wie kommunistische Gruppen versprechen ein hartes Durchgreifen gegen Drogenmißbrauch und fordern eine Verschärfung des Strafrechtes. Sie kritisieren den Wohlfahrtsstaat und bieten sich als Beschützer der unteren Mittelschicht an, als Bewahrer von »traditionellen Werten« und als ein Bollwerk gegen die »Multis«, die die heimische Industrie zerstören.

Rassismus und Holocaust als letzte Bastion

Wo ordnet sich – bei all diesen widersprüchlichen politischen Variationen – der moderne Antifaschismus ein?

Positioniert er sich in der marxistischen Tradition? Oder weicht er jeder politischen Einbettung aus und konzentriert sich nur auf bestimmte Angriffsziele? Verteidigt er die Demokratie, gleichgültig aus welcher Richtung die Gefahr kommt?

Oder reduziert sich seine Antihaltung auf nur zwei Bereiche – den Rassismus und in einem erweiterten Sinne den Holocaust?

Autoritäre Regime wie unter Pinochet oder dem Terror der griechischen Generäle haben weitaus weniger Protest provoziert als der Rassismus der Nationalen Front unter Le Pen in Frankreich.

Das Mörderregime in Kambodscha unter dem Maoisten Pol Pot brachte keine empörten Demonstranten und kein Lichtermeer auf die Straße, und die Tausende Studenten, die gegen den Kampf der USA in Vietnam demonstrierten, blieben zu Hause, als bekannt wurde, daß die siegreichen Kommunisten in Vietnam Hunderttausende Regimegegner in sogenannten Umerziehungslagern zu Tode gefoltert hatten.

Wo ist also die moralische Legitimierung des modernen Antifaschisten? Wo sind seine politischen, gesellschaftlichen und geographischen Schmerzgrenzen? Wie wählt er seine Themen aus? Nach welchen Kriterien seine Gegner und seine Partner? Wer sind die Guten, die Bösen in der Welt? Von wo kommt die Gefahr, von wo der Frieden?

Der Antifaschismus hat keine sehr überzeugende Erfolgsgeschichte. Auch nach der Niederlage des Nationalsozialismus gegen die Armeen der Alliierten besiegten keine marxistischen Antifaschisten die Diktatoren der Nachkriegsjahrzehnte.

Spanien zum Beispiel veränderte sich nach Francos Tod schrittweise in eine Demokratie ohne hysterische und autoritäre Maßnahmen gegen die extreme Rechte. Francos politische Gruppierung bewarb sich genauso wie alle anderen Parteien um die Gunst der Wähler und verschwand langsam in den achtziger Jahren.

Die spanischen Faschisten waren keine Rassisten, und der Antisemitismus war nie ein Teil ihres Programmes.

Zahlreiche Roma und Sinti wurden nicht nur in die Bewegung integriert, sondern auch mit politischen Ämtern betraut. Der spanische Faschismus, von der europäischen Linken als eine Fortsetzung des italienischen und des deutschen diktatorischen Regimes verurteilt, war eine moderne Form der Ein-Parteien-Diktatur.

Auch dazu fiel den Antifaschisten nicht sehr viel Neues ein. Der Grund hierfür lag bei ihren reduzierten Vorstellungen von politischen Zusammenhängen, die nur den Nationalsozialismus und den Marxismus als Alternativen kannten. So saß Franco trotz des jahrelangen Kampfes der Antifaschisten gegen ihn bis zu seinem Tod fest im Sattel.

Das Schweigen der Antifaschisten zum Holocaust in Kambodscha gehört sicherlich zu den peinlichsten Verhaltensweisen dieser Bewegung. Das mörderische Regime von Pol Pot wurde letzten Endes von der vietnamesischen Armee besiegt, dessen Führer wurden verjagt oder hingerichtet. Jahrelang verurteilten die USA und China die Vietnamesen für diese »Einmischung« in die Angelegenheiten Kambodschas.

In diesem Fall besiegte ein marxistisches Regime mit seiner Armee ein Regime, das sich ebenfalls auf den Marxismus berief. Während jedoch Zehntausende Demonstranten die Vietnamesen in ihrem Kampf gegen die USA unterstützten, wußte die antifaschistische Linke nicht recht, was sie im Konflikt Pol Pot gegen Vietnam tun sollte.

Die Diktatur in Portugal wurde sogar vom eigenen Militär gestürzt. Waren nun die demokratischen Offiziere in der portugiesischen Armee Antifaschisten? War der Sieg der vietnamesischen Armee ein Sieg des Antifaschismus gegen den Linksfaschismus der Roten Khmer? Wo sind die Antworten zu diesen politischen Problemen der Nachkriegszeit?

Natürlich ist es einfacher, mit Nationalsozialismus und Holocaust zu argumentieren. Jedes Kind versteht den Schrecken, der mit den beiden Begriffen verbunden ist. Der Holocaust ist als Argument unschlagbar und unwiderlegbar.

Antifaschistische Wiederbetätigung

Neofaschisten – in der traditionellen Bedeutung des Wortes – gibt es heute kaum noch. Nur wenige – teilweise am Rande der Lächerlichkeit agierende – Gruppen konzentrieren sich auf die Wiederherstellung der alten Regime und versuchen das Andenken an die nationalsozialistische und faschistische Vergangenheit zu erhalten.

Jahrelang war der Geburtstag Hitlers ein Datum, das die Aufmerksamkeit auf die österreichische Stadt Braunau konzentrierte. In den letzten Jahren sammelten sich dort zehnmal mehr Gegendemonstranten und Polizisten als alte und neue Nazis.

Eine der kuriosesten, sicherlich auch makabren Diskussionen wird um die sogenannte Auschwitzlüge geführt. Seit Jahren gehört die Leugnung des Holocausts zu den wichtigsten Argumenten neonazistischer und rechtsextremer Gruppen und Personen.

Mit Dutzenden angeblich wissenschaftlicher Arbeiten versuchen Vertreter dieser Theorie nachzuweisen, daß der Tod in den Gaskammern nie stattgefunden habe.

Als kurios kann man diese Ansichten deshalb bezeichnen, weil die großen Vorbilder der Neonazis – die deutschen Nationalsozialisten – diesen Mord nie bestritten und sogar stolz darauf waren.

Eichmann selbst und auch die Angeklagten während des Nürnberger Prozesses haben nie den Holocaust geleugnet, und die Anzahl der Toten – sechs Millionen – ist keine Berechnung oder Erfindung des internationalen »Judentums«, sondern wurde von den Vertretern der SS selbst genannt. Dennoch ist der Zweifel an den Morden in den Konzentrationslagern ein wichtiges Kennzeichen für die Antifaschisten, um neonationalozialistisches Gedankengut zu erkennen.

Es ist oft absurd, miterleben zu müssen, mit welcher Begeisterung Antifaschisten mit den Beweisen für den Massenmord gegen die Leugner argumentieren. Man könnte fast annehmen, sie hätten Angst, daß ihnen jemand diese unwiderlegbare Grundlage ihrer wiederkehrenden Drohungen wegnimmt.

Der Leiter der Freiheitlichen Partei Österreichs, Dr. Jörg Haider, wurde einmal frontal angegriffen, weil er die Konzentrationslager der Nationalsozialisten als Straflager bezeichnet hatte. Sicherlich stimmt dieser Begriff nicht, und er beschreibt weder Ursachen noch Umstände der Ermordung der Häftlinge.

Die Diskussion um diesen Begriff wurde zu einer Tragikomödie, als die Kritiker erklärten, die einzig richtige Bezeichnung sei »Vernichtungslager«. Hier argumentierten die Verteidiger der Toten mit der Sprache der Mörder und waren noch stolz darauf. »Vernichtet« werden Insekten, Käfer oder andere Schädlinge, und deshalb sprachen die Nationalsozialisten auch von der »Vernichtung des Judentums«.

Im englischen Sprachgebrauch benutzt man das Wort »Deathcamp«, das eindeutig ausdrückt, daß es sich hier um Todeslager handelte, in denen die Häftlinge nicht gefangengehalten, sondern ermordet wurden. Die antifaschistische Gemeinschaft stürzte sich damals auf Dr. Haider und griff ihn massiv an, weil er sich nicht – wie sie selbst – in der nationalsozialistischen Terminologie ausdrückte, um die Konzentrationslager zu beschreiben.

In einem besonderen Dilemma befand sich die antifaschistische Linke, als sich in den siebziger und achtziger Jahren die extreme Rechte immer häufiger für »grüne« Themen interessierte. Es war schwierig, die gleichen Probleme einmal als Grundlage für eine links-grüne Bewegung zu definieren und sie das nächste Mal als typisch für eine rechte Blut-und-Boden-Ideologie zu etikettieren.

Die »Deutsche Volksunion« wandte sich gegen Tierversuche und forderte eine genaue Untersuchung der importierten Lebensmittel. Die deutsche NPD veröffentlichte 1973 ein ökologisches Manifest, das sich gegen die Umweltverschmutzung aussprach.

Auch die Republikaner in Deutschland nennen grüne Themen als besonders wichtig in ihrem Programm.

All diese Gruppen argumentieren in der Tradition der »Ökofaschisten«, die den wichtigen »grünen« Flügel innerhalb der NSDAP ausmachten. In der Tradition von Ernst Moritz Arndt und Wilhelm Heinrich Riehl wird die Verbindung von »gesunder« Natur zu einem »gesunden« Volk hergestellt und damit auch zu einer Form des Rassismus, der in der Tat nazistische Wurzeln hat.

Doch die moderne Grünbewegung sieht hier keine Berührungen. Sie definiert sich durch eine Antirassismushaltung am anderen Pol der Politmoral und versucht trotz gleicher politischer Forderungen durch die Hintertür der sogenannten Ausländerfreundlichkeit einem Vergleich mit den Rechtsextremen zu entkommen. Grüne Politik und Ausländerfeindlichkeit gilt als faschistoid. Erst die Ausländerfreundlichkeit läßt die grüne Forderung auch demokratisch erscheinen. Das übergeordnete politische Thema der Einwanderungspolitik schafft die Latte, die von »rechts« nach »links« zu überwinden ist.

Antifa-Kultur oder Antifa-Kitsch

Anstelle der Ouvertüre eine wahre Geschichte:
Es geschah im Jahre 1997 in Wien. An einem Abend trafen sich Wiener Intellektuelle und Künstler zu einem Abendessen. Unter ihnen der Direktor des Wiener Burgtheaters Claus Peymann. Die Anwesenden diskutierten über den Mordanschlag auf die Siedlung der Roma und Sinti im Burgenland, der vier Menschen das Leben gekostet hatte. Das Burgtheater veranstaltete damals einen Abend mit Künstlern. Der Reinerlös des Abends sollte den Opfern des Anschlages zur Verfügung gestellt werden.

Herr Peymann wurde während des Abends gefragt, wieviel denn die lobenswerte Veranstaltung eingespielt hatte und was die Siedlung der Roma und Sinti mit dem Geld vorhatte.

Peymanns Antwort erschreckte einige der Anwesenden. Er erzählte stolz, daß mehr als eine Million Schilling von dem Abend übrigblieben, er jedoch das Geld noch nicht weitergeleitet habe. Man müsse da vorsichtig sein und könne denen doch nicht einfach eine Million Schilling geben. Warum? fragte ein anderer Gast. Die würden doch alles versaufen, meinte der Burgtheaterdirektor.

Eine besonders interessante Spielwiese für den modernen Antifaschismus ist die Kulturpolitik. Hier wird seit Jahrzehnten über den politischen Wert der Kultur diskutiert und zwischen der angeblich antifaschistischen Verantwortung der Kulturschaffenden und der faschistoiden Kulturfeindschaft unterschieden.

Eine der wichtigsten – leider jedoch falschen – Prämissen des antifaschistischen Kunstverständnisses ist die Behauptung, daß Künstler nur Antifaschisten sein können, da sie sonst keine Künstler wären. Ein echter Künstler kann daher auch kein Faschist sein und ein echter Faschist kein Künstler.

Die logische Basis dieser Argumentation geht noch einen Schritt weiter. Kunst und konservative Politik – das ist für die politisch linke Seite im Grunde genommen ein Widerspruch. Die Gemeinschaft der zeitgenössischen Künstler definiert sich in einer antifaschistischen Tradition der Kunstschaffenden. Da der Antifaschismus nur von links kommen kann, gibt es kein antifaschistisches konservatives Kunstverständnis.

Es existierte jedoch nie eine antifaschistische oder demokratische Tradition der Künstler. Sie als die »Anständigen« aus der Bevölkerung herauszulösen wäre eine historisch leicht nachweisbare Lüge.

Man braucht kein großer Kunsthistoriker zu sein, um daran zu erinnern, daß die großen kulturellen Einrichtungen des Staates jeden politischen Machtwechsel überlebten. Die Opern spielten vor der Machtübernahme Hitlers, während seiner Zeit und nach dem Ende des Krieges sowohl in West- als auch in Ostdeutschland. Das Wiener Burgtheater mußte keinen Tag zusperren, weil etwa nach dem Einmarsch der Deutschen das Ensemble sich weigerte weiterzuarbeiten. Weder die Oper noch die Theater oder die Konzertsäle mußten ihre Tore schließen. Komponisten schufen neue Musikwerke, Maler malten ihre Bilder, und Schriftsteller schrieben Bücher und Theaterstücke.

Natürlich wurden zahlreiche Künstler aus rassischen und politischen Gründen verfolgt. Unter den Künstlern gab es jedoch nicht mehr Widerstandskämpfer und Antifaschisten als in der gesamten Bevölkerung. Es blieb eine verschwindend kleine Minderheit.

Alastair Hamilton schrieb bereits 1971 ein in Europa peinlichst verschwiegenes Meisterwerk über die Zusammenarbeit der Künstler und Intellektuellen mit den Faschisten und Nazis unter dem Titel »The Appeal of Fascism – Why men of good will, artists and intellectuals, chose fascism as their political greed«. Der Großteil der Akademiker, Intellektuellen und Künstler unterstützte die neuen Machthaber und leistete keinen Widerstand.

Der Schuldkomplex als Gesamtkunstwerk

Nach dem Krieg erlebte die politische Kunst – solange sie von links gegen rechts gerichtet war – einen Höhepunkt. Nicht mehr die Qualität zählte, sondern die Botschaft und der politische Inhalt. Künstler galten als »kritisch«, wenn sie sich mit der nationalsozialistischen Geschichte beschäftigten, den »Alltagsfaschismus« aufarbeiteten und in ihren Werken festhielten. Eine politisch konservative Kunst durfte es nicht mehr geben. Antikommunistische Inhalte galten als reaktionär, gegen den Fortschritt gerichtet, und jede Kritik an politisch linken Ideen und den kommunistischen Staaten galt als Relativieren der »Auschwitz-Schuld«.

Der Kampf gegen den Neofaschismus erlebte vor allem dort einen kulturellen Höhepunkt, wo die Kultur von der Subvention durch den Staat lebte. Die Auseinandersetzung mit den Kritikern dieser durch den Staat finanzierten Schuld-und-Sühne-Kultur wurde zum Kreuzzug gegen den Kulturfaschismus erhoben.

Das Ergebnis war eine dumpfe, derbe, kulturlose Mißinterpretation des künstlerischen Wertes der kritischen Kunst. Der Holocaust gab den Nachkriegskünstlern erst ihre künstlerische Berechtigung.

Die Kritik an einem angeblich kritischen Kunstwerk wurde sofort mit einem politischen Argument ausgeglichen. Der antifaschistische Wert eines Kunstwerkes stand außerhalb der Kulturkritik. Wer dieses Gebot mißachtete, konnte sich sicher sein, nicht nur als Faschist beschimpft zu werden, sondern auch als einer, der nach Zensur schreit.

Die Zensur der Kritik hatte eine Einschränkung der Freiheit der Kunst zur Folge. Der Dialog um den künstlerischen Wert eines Kunstwerkes konnte nicht mehr geführt werden. Politische Statements ersetzten den Streit um die Kunst, und jeder, der diese Einschränkung der Rede- und Denkfreiheit kritisierte, befand sich sofort in der Nähe des faschistoiden Gedankengutes. In einem absurden Kreislauf liefen diese Argumentationen und endeten immer wieder bei einem Vergleich der Kritiker mit den in der Vergangenheit Lebenden und Denkenden.

Antifaschistisches Kunstverständnis wurde zu einer Art Notwehr gegen den Neofaschismus erhoben, und jeder Künstler, der sich mit dieser Botschaft identifizierte, sah sich nicht nur als potentielles Opfer der Gefahr von rechts, sondern als Soldat in der Kampfeinheit gegen das Böse und fühlte sich unendlich wichtig in dieser Funktion.

Politiker, die versuchten den kulturellen Geschmack der Mehrheit der Bevölkerung zu repräsentieren, wurden als Kunstidioten erkannt. Das kulturelle Verständnis der »Masse« konnte nur Schmarren und Dreck bedeuten. Die »einfachen« Menschen bildeten nach Ansicht der künstlerischen Elite einst und heute den Grundstock der faschistischen Massenbewegung. Das Kunstverständnis dieses »einfachen« Volkes ist daher nicht nur niveaulos, sondern auch faschistoid.

Die antifaschistische Analyse der Bevölkerung durch die Künstler stützte sich auf ein Erkennen jener Mehrheitsmenschen, die den Unterschied zwischen Gut und Böse nicht begreifen und natürlich auch nicht den zwischen Kunst und Kitsch. Demgegenüber gibt es eine kritische Elite, die sich selbst als intellektuell erkennt. Sie repräsentiert als Minderheit der Gesellschaft das gute Gewissen, und der Staat hat die Pflicht, sie finanziell zu unterstützen. Denn nur mit Hilfe dieser Finanzierung kann die intellektuelle Elite die Ausgrenzung auch überleben.

Bei diesem Kulturkampf geht es nie um künstlerische, sondern immer nur um politische Werte. Weder ästhetische noch künstlerische Meinungen beherrschen diesen Dialog. Durch Einbettung in die antiquierte Faschismus-Antifaschismus-Symbolik wird jede Auseinandersetzung um den kulturellen Wert oder das künstlerische Niveau verhindert.

Jene, die sich berufen fühlen, einen Krieg gegen den Faschismus mit künstlerischen Mitteln zu führen, dulden keine Diskussion um ihre Kunst.

Die »einfachen« Menschen zeigen allerdings kein Interesse in diesen Kunstwerken. Sie sind es jedoch, die angeblich das Potential für den Neofaschismus ausmachen. An wen richtet sich dann die moderne kritische Kunst, die sich einbildet, einen wichtigen Beitrag für den Kampf gegen den Neofaschismus zu leisten?

Sie läßt sich in ihren subventionierten Tempeln von ihren Anhängern feiern. Diese fühlen sich jedoch von den Botschaften der Kunstwerke nie angesprochen. Die intellektuelle Minderheit klatscht dem Künstler zu, der die »gefährliche« Mehrheit angreift. Die sieht das Kunstwerk nie, finanziert jedoch mit ihren Steuergeldern den Künstler. Diese Begeisterung über die sogenannte kritische Kunst kann nur funktionieren, wenn sich die Zuseher nie persönlich angesprochen fühlen.

Das antifaschistische Kulturverständnis in der Demokratie lebt gut mit diesem Widerspruch. Wer sich einmal

72

die Mühe macht, die bei den verschiedenen staatlichen Stellen eingereichten kulturellen Projekte genauer zu betrachten, der hat Glück, wenn ihm danach nicht schlecht wird.

In der Hoffnung, daß das schlechte Gewissen den beamteten Geldverteiler dazu zwingt, ein Ansuchen nicht abzulehnen, beschäftigt sich ein Großteil der eingereichten künstlerischen Projekte in Deutschland und Österreich mit dem Zweiten Weltkrieg, dem Holocaust und dem Neofaschismus. Vielfalt und Einfalt der Ideen sind so erschreckend und gleichzeitig so zynisch, daß man den Geldverteiler mit seiner Verantwortung nur bemitleiden kann.

Provokation der Gleichgültigkeit

Einen besonderen Stellenwert in der Auseinandersetzung zwischen Antifaschisten und Neofaschisten nehmen die verschiedenen Jugendgruppen ein. Mit kahlgeschorenen Köpfen, Stiefeln und Lederjacken schockte eine junge Generation mit »Sieg Heil«-Rufen und Hitlergruß die linken Biedermänner und amüsierte sich über ihren Erfolg. Diese Art von Jugendkultur begann in den Fußballstadien und Diskotheken und wurde sehr schnell von anderen Gruppen übernommen.

Vor allem in Deutschland entwickelte sich in den letzten Jahren ein absurder Dialog zwischen Skinheads und Journalisten, der den verschiedenen kritischen Magazinen jahrelang Schlagzeilen und erschütternde Reportagen brachte. Es war ein Spiel zwischen Erschrecken und Erschrecktsein, und nicht selten bezahlten Journalisten Jugendliche, um das entsprechende Foto mit dem Hitlergruß zu bekommen.

Interessant dabei war die hilflose Reaktion jener leicht angegrauten Antifa-Generation, die selbst den Jugendkampf der sechziger Jahre miterlebt hatte. Nun repräsentierte sie selbst das Establishment, das vom Staat ein hartes Vorgehen gegen die Skinheads forderte.

War es nicht die angeblich faschistische Polizei während der Achtundsechziger Revolte, die mit brutaler Gewalt im Auftrag des Staates gegen die Demonstranten vorgegangen war? Jetzt kritisierten die Helden von damals die gleiche Polizei, wenn sie nicht brutal genug gegen den »Terror von rechts« eingriff.

Selten hat man so eine rasante Umkehr im Verständnis des Staates erlebt. Der ehemalige Feind wurde zum ungeliebten Partner im Kampf gegen das Böse, und von der einst so verhaßten Polizei erwartete die Linke eine Hilfe im Kampf gegen den Neofaschismus. Die ewig jungen Achtundsechziger sahen plötzlich sehr alt aus in ihren Cordjacken, die sie über dem Bauch nicht mehr zuknöpfen konnten. Ihre Geschichten von der Revolte hörten sich an wie die Erlebnisse der Großväter aus Stalingrad, und beide gemeinsam haßten diese jungen Glatzköpfe, die nichts anderes im Sinn hatten als die Zerstörung des Aufgebauten.

Die Antifa-Generation ignorierte dabei völlig die Motive der neuen Jugendrevolte. Der schreiende Skinhead wurde zum Staatsfeind erklärt, und jede Gewalt war recht, um ihn zu stoppen. Das Protestpotential der Glatzköpfe hatte in ihren Augen keine moralische oder politische Berechtigung. Die Linke schrie nach Beendigung der Unruhen, koste es, was es wolle. Protest sollte in kontrollierter Form durch die alten Linken, durch Grüne, Sozialdemokraten, Intellektuelle, Künstler und wer sich sonst noch in den Kreis der gebildeten Elite einreihte, vorgebracht werden. Nur dieser Protest hatte seinen Wert und seine Berechtigung.

Man ließ damit die Jugendlichen völlig im Stich und wollte auch nicht zur Kenntnis nehmen, daß selbst die traditionellen Neofaschisten einen ähnlichen Kampf gegen die Skinheads führten. Der Führer der italienischen Neofaschisten nannte die Skinheads »leere Köpfe« und verlangte, daß sie alle in Arbeitslager geschickt werden.

Die polnischen und russischen Faschisten wüteten gegen die Unkultur der Jugendlichen, verurteilten ihre Musik und verlangten wiederholt, daß die Polizei sie alle hinter Gitter schaffen sollte. Genauso reagierte die Rechte in Frankreich und anderen Ländern.

Chaoten und Spontis, die sich selbst der linken Seite zuordneten, fanden in ihrem Kampf gegen die Skinheads plötzlich Unterstützer von allen politischen Richtungen.

Die Linke und die Antifaschisten auf der einen Seite und die extreme Rechte auf der anderen reagierten mit Panik und Haß gegen die Skinheads, und beide riefen nach der starken Hand des Staates, um diese Jugendrevolte zu beenden.

Diese seltsame Solidarisierung der beiden Gruppierungen zeigt erneut die politische Verwirrung des postfaschistischen und antifaschistischen Gedankengutes. Der Ausländerhaß der Skinheads war für die Linke Beweis genug, sie als rechtsextrem einzustufen und sie auf einer Seite mit Faschisten und Nazis zu positionieren.

Der Protest der Jugendlichen wurde somit nicht als kriminelle Tat verurteilt, sondern er bekam eine historische Bewertung. Eine Zerstörung eines jüdischen Friedhofes war nicht nur ein Gesetzesbruch, sondern auch ein Relativieren des Holocausts. Der Täter schob sich selbst durch seine Untat in die Ecke der Mörder von damals, und der Antifaschist, der sie verurteilte, rettete die Menschen vor dem wiederkehrenden Faschismus.

»Heil Hitler«-Gruß und Hakenkreuze auf den Jacken waren keine Provokationen, sondern der Beweis für neonazistisches Gedankengut. Verbunden mit der Verurteilung jener Täter von damals, wurden auch die Opfer von damals, die immer noch Opfer waren, in Schutz genommen. Was für eine Sammlung von glorreichen Taten!

Vergangenheit als Schreckgespenst

Doch wer kümmerte sich um die Sorgen und Enttäuschungen der jungen Generation? Niemand machte sich die Mühe, auf die Ursachen dieser Protestbewegung einzugehen und zu analysieren, warum im Gegensatz zur Achtundsechziger Bewegung die Jugendlichen plötzlich mit den Symbolen und der Sprache der Nazis versuchen zu schockieren.

Die Frustration der Jugend in den sechziger Jahren über das Leugnen und Ignorieren der Naziverbrechen war eine gern benutzte Erklärung für die Jugendrevolte. Das autoritäre Verhalten der Kriegsgeneration in den Nachkriegsjahren sollte die Protestbewegung als eine logische Reaktion darauf erklären.

Der nächste Generationskonflikt kehrte alles wieder um. Die ehemalige Protestgeneration verurteilte die Jugendkrawalle in den achtziger und neunziger Jahren als Gefährdung der Demokratie und mit dem Etikett »neonazistische Umtriebe«. Sie schuf die Verbindung zur Generation der eigenen Väter mit den Argumenten der Väter.

Diese nächste Generation, die Enkel der Täter und Kinder der Kinder der Täter, hatte scheinbar aus der Geschichte nichts anderes gelernt, als daß die Kinder der Täter am ehesten mit der Erinnerung an die Väter zu erschrecken sind.

Mit absurden Schuldzuweisungen argumentierte die schuldlose Nachkriegsgeneration und machte den Staat für die neonazistischen Umtriebe verantwortlich. Dieser moderne Staat hatte anscheinend mit der Nachkriegsgeneration selbst nichts zu tun. Einen Zweifel an der eigenen Unschuld an den neuen extremen rechten Bewegungen konnte man nie hören.

»Heil Hitler« schreiende Jugendliche wurden zum Beweis für die Antifaschisten, daß ihr ehrenwerter Kampf noch lange nicht zu Ende war. Mit einer selten erlebten Empörung reagierte das Kollektiv der Antifaschisten und übertraf sich gegenseitig mit Ankündigungen einer neuen nationalsozialistischen Gefahr.

Analysen und Untersuchungen über das Verhalten der Jugendlichen und der Versuch, diese Menschen zu verstehen oder ihre Motive zu ergründen, waren nicht gefragt. Ein Feindbild wurde wiedergeboren aus der Asche des kommunistischen Antifaschismusverständnisses. Der jugendliche Glatzkopf wurde zur Wiedergeburt des SS-Mörders erklärt.

Selten hat eine Generation, die so gerne über die vergangenen revolutionären Zeiten in den alternativen Kaffees schwärmte, so hilflos auf den Aufschrei einer neuen Generation reagiert. Die durch eine autoritäre Vätergeneration geplagte Nachkriegsgesellschaft verzweifelte an dem Konflikt, da ihr jede Autorität für die Konfliktlösung fehlte.

Der seltsame Schulterschluß von ganz rechts nach ganz links im Kampf gegen den neuen Jugendprotest stärkte den Staat als Autorität und Schutzmacht des Kleinbürgers. Der postmoderne Antifaschist suchte die Lösung des Konfliktes mit dem drohenden Faschismus durch den Einsatz von Polizeigewalt gegen seine eigenen Kinder. Ganz nach dem Vorbild der Väter.

Die strammen Führer der rechtsextremen politischen Parteien wüteten gegen die jugendlichen Neonazis im Chor mit ihren linken Genossen, die einst auf den linken Terrorismus der siebziger Jahre wesentlich gelassener reagiert hatten. Gemeinsam verteidigten rechts und links einen autoritären Standpunkt, der auf die reine Unterdrückung der Protestbewegung der Jugendlichen hinauslief.

Warum hat sich die intellektuelle Linke nie mit der Frage beschäftigt, warum ausgerechnet ihre Kinder sich wieder nach rechts lehnen? Wo sind die Zehntausende Soziologen, Politologen, Psychologen und Philosophen, die die Bildungsrevolution der siebziger Jahre hervorbrachte und die die Universitäten überschwemmten? Sie alle wissen keine Antwort auf das Phänomen der neuen Rechten und warnen vor einer sich ankündigenden Katastrophe einer neuen Naziära.

Und die Antifaschisten? Was ist deren Beitrag in dieser Krise?

Antirassimus und Antifaschismus

Die Definition des Begriffes »Rasse« ist trotz aller Widersprüchlichkeit in jedem Lexikon nachzulesen. Ursprünglich als Kategorie einer biologischen Systematik verstanden, veränderte sich die Bedeutung im letzten Jahrhundert zu einer differenzierenden Klassifikation von Menschen anhand oft willkürlicher Kriterien.

Die Anthropologie konzentrierte sich bei der Einteilung der Menschen auf physische Merkmale wie Schädelform, Hautfarbe, Augenform usw., um Populationen gegeneinander abzugrenzen und sie auch geographisch zuzuordnen. Erst die Soziologie entdeckte die Möglichkeit, Menschen nach intellektuellen und charakterlichen Besonderheiten einzuteilen und sie in eine vererbte, kulturelle Linie einzuordnen, aus der sie nicht mehr herauskommen.

Des Teufels Rasse

Der Rassismus ist neben Faschismus und Nationalsozialismus sicherlich heute einer der am extremsten negativ besetzten Begriffe, weitaus negativer noch als der Kommunismus.

Schon die Nationalsozialisten entwickelten ihre Theorien nicht nach den – wenn auch zweifelhaften – wissenschaftlichen Grundlagen des Rassismus des 19. Jahrhunderts. Sie schufen ihre eigene perverse Theorie, die ihren politischen Bedürfnissen entsprach.

Der Antirassismus selektiert ebenfalls seine »Opfer« und seine »Gegner« nach situativen und politischen Notwendigkeiten. Der Antirassismus richtet sich weder nach biologischen noch nach soziologischen Theorien. Der Rassist wurde zum modernen Teufel schlechthin erklärt. Doch welche Rasse hat eigentlich der Teufel?

Der moderne Rassismus reagiert auf den staatlich organisierten Massenmord der Nazis und richtet sich nicht nach den Rassismustheorien von Gobineau, Lapouge und Chamberlain. Der Antirassist definiert sich wie der Antifaschist in einer Antihaltung. Einer intellektuellen Auseinandersetzung um das Thema »Rasse« und »Rassismus« weichen alle aus.

Die Lehren des Grafen Gobineau über die Ungleichheit der Rassen hatte Hitler nur übernommen, weil er sie wahrscheinlich nie gelesen hatte. Der Graf legte die Latte für die Reinheit der germanischen, weißen Rasse, deren Blut das Monopol der schöpferischen Kraft zukommt, so hoch, daß er selbst die Masse des deutschen Volkes für »ungermanisch« erklärte.

Vacher de Lapouge ging in seinem Werk über die Arier viel mehr nach pseudonaturwissenschaftlichen Kriterien vor. Er schrieb von Langschädeln – damit meinte er die Arier –, die den Kurzschädeln überlegen seien, und bedauerte, daß es in seiner eigenen Heimat so wenig Vertreter der »höheren« Rasse gäbe. Für die Deutschen hatte er nur ein mitleidiges Lächeln und fand höchstens in Norddeutschland die Langschädeligen einigermaßen ausreichend vertreten. Süddeutschland sei leider völlig in den Händen der Kurzschädeligen. Lapouge war der erste, der von einer Lebensraumtheorie sprach und warnte, daß der Kampf um den Raum ein Kampf der Rassen gegeneinander sein werde.

Houston Stewart Chamberlain hatte mit seinem 1898 erschienenen Werk »Grundlagen des 19. Jahrhunderts« einen wesentlich stärkeren Einfluß auf die Rassentheorien der Nationalsozialisten. Seine die Germanen feiernde und gegen Juden gerichtete Polemik ging so weit, daß er nachweisen wollte, daß Jesus kein Jude sein konnte. Er war auch der erste, der von Halb-, Viertel-, und Achtelgermanen schrieb und somit die Rassentheorie der Nazis in ihrer Umkehrung vorwegnahm. Er versuchte ein Umdeuten der Weltgeschichte in eine Geschichte der Rassenkämpfe und schuf damit den Übergang zu einer politischen Rassentheorie, die von den Nazis übernommen wurde.

Erst die politische Rassenlehre schuf den vollkommenen übergangslosen Zusammenhang zwischen Abstammung und gesellschaftlichem Einfluß. Der Historiker Ernst Nolte versuchte eine Ähnlichkeit zwischen der marxistischen Klassentheorie und dem nationalsozialistischen Rassismus herzustellen. Seine Ideen wurden jedoch von der Mehrheit der Intellektuellen und Wissenschaftler nicht übernommen.

Rassist als Vorstufe zu Faschist

Heute gilt der Rassismus als eine Vorstufe zum autoritären Faschismus und Nationalsozialismus. Die Verbindung dieser beiden Begriffe bietet dem Antifaschisten immer die Möglichkeit, sowohl gegen das eine wie auch gegen das andere vorzugehen.

Der Kampf der Antifaschisten gegen den Rassismus stützt sich heute auf zwei Beweggründe:

1. Die eine Voraussetzung für das Eingreifen des Antirassisten ist das Mitleid mit dem unmittelbar Betroffenen und damit der Wunsch, sich für das Opfer einzusetzen und zu helfen.
2. Als zweite Voraussetzung gilt der Zusammenhang zwischen Rassimus und Faschismus/Nationalsozialismus.

Die Verbindung der beiden Bereiche schafft die Möglichkeit, mit dem einen auch immer das andere zu erreichen. Wer gegen Rassismus kämpft, kämpft auch gegen
Faschismus. Und umgekehrt. Wer sich für die Rechte
einer »rassisch« verfolgten Minderheit einsetzt, ist auch
ein Antifaschist. Der Wirkungsradius wurde längst erweitert und macht aus jedem Unterstützer einer Minderheit einen Kämpfer gegen eine faschistische Diktatur.

Auch die Umkehr dieser Logik findet ihre Anhänger.
Wer die Rechte einer Minderheit ignoriert oder ihr seine
Unterstützung verweigert, gilt als rechtsextrem, faschistoid oder muß sich die Bezeichnung Neonazi gefallen
lassen.

Wie definiert sich jedoch der Antirassist? Wählt er
eine Rasse aus, die er beschützt? Oder richtet sich sein
Kampf gegen jede Form der Diskriminierung, unabhängig von Rasse, Geschlecht und Herkunft?

In den letzten Jahren konzentrierte sich der moderne
Antirassismus auf den Kampf gegen die sogenannte Ausländerfeindlichkeit. Ausländerhetze, ausländerfeindliche
Parolen und die Kritik an der Anzahl der Ausländer mobilisieren den Antirassisten/Antifaschisten. Er fühlt sich
als Beschützer von Menschen berufen, die er selbst oder
die seine Gegner, die Rassisten, als Ausländer oder
Fremde definieren. An eben dieser Definition scheitert
der moralische Anspruch der Antirassisten. Ihre Hilfs-
aktionen bleiben willkürlich und wirken oft lächerlich.

Das ausländerfeindliche Verhalten eines Inländers

wird von den Antirassisten als typisch für eine gewisse Mentalität erkannt. Es paßt in ein Verhaltensmuster, das wiederum die Grundlage für ein faschistoides Gedankengut ist.

Ein Taxifahrer, der einen Ausländer als Fahrgast ablehnt, ist nicht ein Einzelgänger, der ein rassistisches Vorurteil hat. Er wird als typisch für eine Geisteshaltung stigmatisiert, die den Rassismus als Ideologie und politische Strategie definiert.

Das pauschale Urteil und die Verallgemeinerung sind immer Grundlage des Antirassismus/-faschismus. Sie entsprechen der Logik der sogenannten Kollektivschuld. Die Zugehörigkeit zu einem Berufsstand, einer soziologischen Gruppe, einer politischen Partei bedeutet für die Antifaschisten eine entsprechende antidemokratische, rassistische Grundhaltung. Die kollektive Erfassung einer Gruppe von Menschen, ohne auf deren individuellen Ideen und Vorstellungen einzugehen, entspricht der Theorie, daß alle Deutschen auch Nazis und somit am Holocaust mitschuldig waren. Und alle Kommunisten für die Verbrechen Stalins die Verantwortung tragen.

Rassismus als politische Forderung

In der Auseinandersetzung um Einwanderungsquoten, Aufenthaltsgenehmigungen, Arbeitserlaubnis, Staatsbürgerschaft, Nachzug von Familienmitgliedern und Abschiebung von Ausländern ist jeder sachliche Dialog, der eine politische Lösung bringen könnte, in unserer Zeit eine Unmöglichkeit.

Dieser für die westliche Welt so wichtige politische Entscheidungsbereich wurde aus der realitätsbezogenen und problemorientierten Diskussion herausgelöst. Das

Schicksal der Betroffenen wird in einer peinlichen moralisierenden Debatte dazu benutzt, um den politischen Gegner zu verurteilen. Das reale Leben des »Ausländers« in der fremden Heimat ist dabei ohne Bedeutung. Seine Wohnbedingungen, die Ausbeutung als illegale Arbeitskraft, die Entfernung zu seiner Familie, die Sprachprobleme der mitgebrachten Kinder, die Generationskonflikte in den Familien und die Integrationsprobleme kommen nie zur Sprache. Die Pro- bzw. Anti-Ausländer-Haltung entwickelte sich in den letzten zehn Jahren zu einem Symbol für rechte oder linke Ideologien. Sie ersetzte die alten Theorien aus den Bereichen Ökonomie, Schul- und Sozialpolitik, in denen sich die Parteien in der Vergangenheit unterschieden.

Wenn der ausländerfeindliche Bürger in den Augen der Antirassisten ein Rassist ist, dann sind auch alle Ausländer Mitglied einer oder mehrerer Rassen. Welcher jedoch? Entspricht die Nationalität eines Ausländers einer bestimmten Rasse? Sind die Türken in Deutschland Vertreter einer bestimmten Rasse?

Oder benutzt der Antirassist die rassistischen Vorurteile des Rassisten, um die Opfer erst zu erkennen? Definiert der Rassist das Opfer oder der Antirassist? Wählt der Antirassist seine Schützlinge nur nach den Kriterien des Rassisten aus?

Die Fremden in Westeuropa als Vertreter einer oder mehrerer Rassen zusammenzufassen, würde bedeuten, im Sinne der Nationalsozialisten den Rassismus als politischen Begriff zu verstehen. Die biologische Herkunft ist nicht wichtig, es zählen alleine der Wunsch des einen Menschen, in einem anderen Land zu leben, und der Wunsch eines anderen Menschen, ihn wieder von dort hinauszuschmeißen. Der Wunsch auszuwandern macht den einen zu einem Vertreter einer bestimmten Rasse.

Der Wunsch, ihn nicht in sein Land zu lassen, den anderen zum Rassisten.

Antirassistischer Philosemitismus

Von den Antifaschisten wird auch der Antisemit als Rassist bezeichnet. Auch hier setzt der Antirassist die geistige Tradition der Nationalsozialisten fort, weil er dem Juden die nationale Identität verweigert. Ein Anschlag gegen eine Synagoge in Deutschland ist nach den Argumenten der Antifaschisten nicht ein Anschlag gegen das Gotteshaus einer Gruppe von Deutschen, die Mitglied einer jüdischen Religionsgemeinschaft sind, sondern eine Akt des Rassismus und Antisemitismus.

Die Antifaschisten verstehen dementsprechend die Juden nicht als gleichberechtigte Bürger mit ihrer eigenen Religion, sondern sie sehen sie als eine Rasse, als eine Gruppe von Ausländern, gegen die sich der Haß der Rassisten richtet.

Hier treffen sich beide Gruppen – Rassisten und Antirassisten – mit ähnlichen, einander entgegengesetzten Argumenten. Für die einen sind die Juden eine auszugrenzende Minderheit, für die anderen eine zu schützende. Was den Juden bleibt, ist die Diskriminierung durch Freunde und Feinde als Außenseiter der Gesellschaft.

Der Jude, der Ausländer, der Schwule, der Behinderte und wer sonst noch als Minderheit verfolgt und beschützt wird, hat die Möglichkeit, sich wie der Käse zwischen zwei Scheiben Brot von der einen Seite bedroht und von der anderen Seite verteidigt zu fühlen. Ausgestoßen bleibt er von beiden, und sein Wunsch, vielleicht einmal ein normales Leben wie jeder andere zu führen, kann von beiden Seiten nicht akzeptiert werden. Er würde den ihm aufgetragenen Sinn seines Daseins aufgeben, seine Benutzbarkeit ginge für beide Seiten verloren. Seine Flucht in die Normalität würde einen Verrat an der »guten« oder »schlechten« Sache bedeuten.

Modernisierung des Rassismus

Der Nationalismus der Faschisten und der Rassismus der Nationalsozialisten waren ein wichtiger Bestandteil der jeweiligen Staatstheorien. Der moderne Rassismus kann jedoch aus mehreren Gründen damit nicht verglichen werden.

In den siebziger Jahren entdeckten Soziologen und Politologen ein neues Phänomen in Europa, das fälschlicherweise mit dem Rassismus der Nazis verglichen wurde. Die aus Gründen des Arbeitskräftemangels ins Land geholten Ausländer entwickelten sich zu einer Subkultur in den westlichen europäischen Ländern, die auf diese Masseneinwanderung nicht vorbereitet waren. Die steigende Arbeitslosigkeit erhöhte die Spannungen, da die einst ins Land geholten Arbeitskräfte nicht wie Maschinen wieder abgeschoben werden konnten. Die zum Teil völlig unberechtigte Behauptung, daß ein hoher Anteil an Ausländern in einer Gesellschaft mitverantwortlich für die Arbeitslosenrate sei, schürte den Zorn und die Unzufriedenheit über die nun nicht mehr willkommenen Gäste.

Der sich daraus entwickelnde politische Sprengstoff wurde von den verschiedenen politischen Parteien in Europa in unterschiedlicher Form wahrgenommen. Die Neofaschisten in Italien und Rußland ignorierten zum Beispiel diese Faktoren und konzentrierten ihre Wahlargumentationen auf andere Probleme.

Viele Parteien in Europa entdeckten den Unmut in der Bevölkerung über die immer stärker werdende Präsenz von Ausländern als politisches Potential. Sie griffen die Themen zum Erstaunen aller anderen Gruppierungen auf und gewannen so manche Wahl mit kritischen Parolen gegen eine unbegrenzte Einwanderung.

Die Ängste, die dabei bei den Wählern angesprochen wurden, konzentrierten sich nicht auf alle Ausländer. Gegen den Bankdirektor aus Japan, den Manager aus den USA und den Chefkoch aus Frankreich hatte niemand etwas einzuwenden. In Deutschland wurden die Türken zu einem Problem, in Frankreich die Nordafrikaner, in England die Asiaten und in Schweden und der Schweiz die Jugoslawen.

Die Anzahl der Ausländer aus der zweiten und Dritten Welt stieg in den siebziger und achtziger Jahren ständig an, und in fast allen westeuropäischen Ländern verdoppelte sich der Prozentsatz an Fremden zwischen den siebziger und den neunziger Jahren.

Parallel mit der steigenden Arbeitslosigkeit wuchs auch der Unmut in der Bevölkerung über jene Ausländer, die der heimischen Bevölkerung angeblich Arbeitsplätze wegnehmen, für die Verslumung ganzer Wohnviertel verantwortlich sind, die heimischen Kinder in den Schulen wegen der Sprachprobleme behindern und mit Drogen handeln.

Die Antihaltung gegenüber Einwanderer erreichte alle Bildungsschichten. Bereits 1989 waren neunundsiebzig Prozent der Deutschen und fünfundsiebzig Prozent der Italiener der Meinung, daß zu viele Ausländer in ihren Ländern lebten. Die Werte in Großbritannien und Frankreich waren noch höher. Selbst in traditionell toleranten Ländern wie Holland und Skandinavien reagierte die Mehrheit der Bevölkerung mit negativen Urteilen auf die Frage nach der Berechtigung für Ausländer, in dem jeweiligen Land zu leben.

Eine Welle der Empörung und Sorge ergriff die Bevölkerung in Europa, und die Einstellung gegenüber Ausländern löste sich Schritt für Schritt von einer politisch linken oder rechten Überzeugung. In den achtziger und neunziger Jahren gab es in Europa keine politische Partei mehr, die das Problem der Einwanderung nicht erkannte und entsprechend reagierte. Eine Politik der Begrenzung des Zustromes von Ausländern wurde plötzlich von allen vertreten, und die Unterschiede in den Forderungen der Parteien waren nur noch marginal.

Margaret Thatcher sprach bereits 1978 von einer drohenden »Überschwemmung mit fremden Kulturen« und Präsident Mitterrand erklärte, daß in Frankreich »die Grenzen der Toleranz« erreicht wären. In allen europäischen Ländern erklärten Sozialisten, Kommunisten, Konservative und Liberale das Ende der unlimitierten Einwanderung. Sie unterschieden sich von den rechtsextremen Gruppen nur noch durch die Einstellung, daß legal zugewanderte Ausländer nicht abgeschoben werden sollten. Doch selbst in dieser Frage näherten sich die Ansichten so mancher konservativen und linken Partei, so daß die moralische Unterscheidung in Ausländerfeinde und -freunde nicht mehr stimmte.

Trotz vieler Kompromisse auf politischer Ebene erreichte die Emotionalisierung der Ausländerfrage in den neunziger Jahren einen neuen Höhepunkt. Über die Ursachen dieser irrationalen Auseinandersetzung gibt es sehr wenig Forschungsergebnisse. Wissenschaftler der Nachkriegsgeneration scheuen sich, die Ängste und Abwehrreaktionen der europäischen Bevölkerung gegen Ausländer und Einwanderer genauer zu untersuchen.

Einer der Gründe für die veränderte Situation lag in

der extrem unterschiedlichen Assimilation der Einwanderer nach dem Ende des Krieges. Die starke Ost-West-Wanderung vor dem Zweiten Weltkrieg schuf weit weniger Ghettos als die Einwanderung in den Nachkriegsjahren. In den siebziger und achtziger Jahren veränderten sich durch die Konzentration von Zuwanderern ganze Stadtteile in Westeuropa, und weder die Behörden noch die dort lebenden Inländer waren darauf vorbereitet.

Das schuf Verhältnisse, die eine reale Verschlechterung der Lebensbedingungen der Inländer bedeuteten, die mit moralisierenden Argumenten nicht aus der Welt zu schaffen war. Den durch unorganisierten Zuzug betroffenen Menschen, die sich darüber empörten, zu erklären, daß sie Rassisten und Faschisten seien, hat sicherlich nicht zu einer Steigerung der Toleranz geführt.

Die angespannte Lage auf dem Arbeitsmarkt und der Verlust an Lebensqualität verschärften den Konflikt. Was der Staat den »Fremden« gibt, muß er zuerst den »Heimischen« wegnehmen. So wurde die Situation von jenen verstanden, die eine Verschlechterung ihres Standards befürchteten.

Die kriminelle Angst

Die Frage, ob dieser Ärger und die Angst vor einer Veränderung des Lebensstandards berechtigt sind oder nicht, stellt sich hier nicht. Angst ist ein wichtiger Schutzmechanismus, und wenn die Ausländerfreunde argumentieren, daß Ausländerfeinde neurotisch und krankhaft übertrieben reagierten, weil es überhaupt keine reale Gefahr gäbe, gegen die sie sich schützen müßten, warum dann die Gleichstellung des Ängstlichen mit einem faschistoiden Verbrecher? Macht die unbegründete Angst jemanden zum Faschisten? Und, wenn ja, wie nimmt man ihm seine Angst? Durch die Kriminalisierung seines Verhaltens?

Der Nährboden einer Neurose ist ein zur Norm gewordener Zustand der Abnormität. Der Neurotiker ist ein Mensch, der behauptet zu müssen, wenn er eigentlich will, und vor allem, nicht zu können, wenn er nicht will.

Der Streit um die Liebe oder den Haß gegenüber Ausländern ist ein total neurotisches Verhalten und hat mit Demokratie und Antifaschismus rein gar nichts zu tun. Beide Gruppen geben vor, aufgrund äußerer Bedingungen so urteilen zu müssen und für die Situation nicht verantwortlich zu sein.

Für die einen ist die Angst vor der Überfremdung berechtigt. Für die anderen ist diese Angst typisch für die Sehnsucht nach Diktatur und Diskriminierung von Minderheiten. Beide sind nicht imstand, sich hinter realpolitische Lösungen zu stellen, die notwendig wären, um einen Konflikt zu lösen. Beide disqualifizieren sich als Helfer, egal ob sie nun den Ausländern oder den Inländern helfen möchten. Sie verhindern eine Konfliktlösung und begeistern sich auch noch daran. Jede Lösung würde ihnen die Angst nehmen und die Motivation, auf die eigenen Ängste und die der Gegner zu reagieren. Die unberechtigte Angst des politischen Gegners wird als Argument konserviert.

Die Grenzen der Legalität des ausländerfeindlichen Verhaltens sind durch die Gesetze in den demokratischen Ländern eindeutig definiert. Der Haß und die Hetze gegen Ausländer sind strafbar. Eine Gesellschaft reagiert mit Recht, wenn extremistische Gruppen mit Gewalttaten gegen Ausländer auftreten. Skinheads, die mit ihren Baseballschlägern Ausländer angreifen, werden von der Polizei genauso verfolgt wie die Attentäter der RAF, die

90

gegen amerikanische Soldaten vorgingen oder kurdische Extremisten, die Bombenanschläge planen. Dies sind extreme Formen des Fremdenhasses und keineswegs der Alltag.

Der alltägliche Frust gegen Einwanderer hat eher seine Ursachen in einer Intoleranz der europäischen Bevölkerung gegenüber Fremden, denen man nicht zugestehen möchte, daß sie ihre eigenen Länder verlassen, um in der Fremde einfach besser zu leben. Kaum einer der sogenannten Ausländerfeinde hat ein Problem mit den politischen Flüchtlingen. Selbst extreme Rechtsparteien stehen zum Asylgesetz.

Der Unmut beginnt bei der Umverteilung, wozu die Bevölkerung in Europa zum überwiegenden Teil einfach nicht bereit ist. Dies ist eine gesellschaftliche Realität und kann moralisch bewertet werden, wenn man den Menschen ihren freien Willen zu diesem Thema abspricht. Einen Teil seines Hab und Gutes zu verschenken ist eine persönliche Entscheidung und von den christlichen Grundsätzen her eine wünschenswerte Verhaltensweise.

Die Freunde der Ausländer erwarten jedoch, daß der Staat ihnen diese Großzügigkeit abnimmt. In der Stadt Graz in Österreich wurde vor ein paar Monaten über einen sogenannten Bettlererlaß diskutiert. Die »Anständigen« argumentierten, daß ein Bettelverbot sich gegen die Armen richten würde und sozial nicht vertretbar wäre.

Keiner der Unterstützer der Bettler kam jedoch auf die Idee, den Armen zu helfen. Zum Beispiel einen Verein zu gründen. Der Verein könnte ein Haus mieten, den Bettlern eine Unterkunft und Essen anbieten. Die Hilfe für die Betroffenen ist nicht gefragt. Was zählt, ist die Polemik, das politische Geplänkel und die Verurteilung des politischen Gegners.

Antifa-Rassismus

Der Kampf gegen Rassismus ist für die Neo- und Post-antifaschisten immer gleichbedeutend mit dem Kampf gegen die Gefahr von rechts. Die Grundlage der Integrationspolitik der linken Ideologien ist die Idee der multikulturellen Gesellschaft.

Der naive Wunsch nach Verschmelzung der unterschiedlichen Kulturen und Traditionen war ebenso dumm wie ignorant und entsprach einem elitären westeuropäischen Denken. Die Gäste aus dem Ausland wollte man in einem multikulturellen Kindergarten organisieren, in dem alle nur spielen und singen und es keine Konflikte mehr gibt. Diese Idee konnte nur dem Unverständnis über Tradition und nationales Bewußtsein entspringen. Keine Gesellschaft auf der Welt hat sich je mit einer fremden Kultur einfach nur aus Freude vermengt und ihre eigene Tradition aufgegeben.

Wie selektiv die Ziele der Anhänger der antifaschistischen, antirassistischen Multikultur ausgewählt wurden, zeigt die Gleichgültigkeit gegenüber jedem anderen nationalen Konfliktherd auf der Welt. Während die Situation der Ausländer in Deutschland immer wieder von linksextremen Gruppen mit der Katastrophe der Juden während der Nazizeit verglichen wurde, fiel den Kritikern wenig ein zu den Konflikten zwischen Katholiken und Protestanten in Nordirland, Hindus und Moslems in Indien und Pakistan, Juden und Arabern im Mittleren Osten, Tutsi und Hutu in Afrika, Tamilen und Singhalesen auf Sri Lanka, Armeniern und Aserbaidschanern in der ehemaligen Sowjetunion, Schwarzen und Weißen in den USA und Türken und Griechen auf Zypern.

Warum sollten ausgerechnet die Bevölkerungen der europäischen Länder alle Fremden friedfertig und freundlich begrüßen und sie willkommen heißen? Das ist eine unrealistische Forderung und widerspricht der emotionalen Struktur der meisten Menschen auf dieser Welt. Wo existiert heute eine Gesellschaft, die ihre Arme weit gegenüber Fremden ausbreitet und bereit ist, den mühsam erarbeiteten Wohlstand zu teilen?

Die Bevölkerung in Europa hat nicht nur das Recht, ihre Sorgen gegenüber einer unbeschränkten Einwanderung zu äußern, sondern verhält sich durchaus »normal« im Sinne der kulturellen Tradition. Diese Menschen als faschistoid und rassistisch zu denunzieren, bedeutet, sie auf eine Stufe mit den Mördern des NS-Regimes zu stellen. Was wollen die Antifaschisten damit erreichen?

Die Grundlage der Demokratie sind der Wettkampf um politische Ideen und das Bestreben jeder Gruppe oder Partei, so viele Wähler wie möglich zu überzeugen. Eine Kriminalisierungskampagne der Antifaschisten kann nur bedeuten, daß bestimmte Menschen mit bestimmten Meinungen aus dem demokratischen Prozeß einer Gesellschaft ausgeschlossen werden sollen. Wer das anstrebt, hebt seine persönliche politische Interpretation über den demokratischen Prozeß eines Landes und behindert ihn. Selbst wenn er seine Strategien als Voraussetzung für eine Demokratie bezeichnet.

Es ist kaum vorstellbar, daß die Verurteilung als Faschist oder Rassist den Betroffenen zu einer Meinungsänderung bewegen wird. Was hat also die Verurteilung für einen Sinn? Die Meinung des Rassisten – nach Ansicht der Antirassisten – ist es nicht wert, als richtig oder falsch beurteilt zu werden. Sie kann nur verurteilt werden und somit auch ihr Vertreter.

Die Antifaschisten und Antirassisten schaffen damit erst die Grundlage für eine Radikalisierung der Diskussion um die Einwanderungspolitik. Die Fronten verhärten sich durch die Kriminalisierung der Argumente, und die ständigen Vergleiche mit der Vergangenheit schrecken immer weniger Menschen ab.

Der Vergleich der Kritiker der Einwanderungspolitik mit den Verfechtern einer faschistoiden Ideologie beinhaltet zweierlei Lügen. Erstens ist es unwahr, eine noch so scharfe und vielleicht sogar ungerecht harte Einwanderungspolitik mit den Massenmorden der Nationalsozialisten gleichzusetzen. Und zweitens ist es historisch gesehen eine Lüge, daß jede Form der Diskriminierung einer Minderheit zu einem Holocaust führt. Die Dramatisierung der antirassistischen Argumente macht weder aus dem Antirassiten einen Widerstandskämpfer noch aus dem Rassisten einen SS-Offizier.

Die Unsicherheit gegenüber der demokratischen Stabilität zeigt sich immer dann, wenn ein gesellschaftlicher Konflikt als unlösbar etabliert wird. Vergangenheitsbezogene Anschuldigungen zementieren die unterschiedlichen Meinungen und verhindern jede Zusammenarbeit der Konfliktpartner. Der Faschismusvorwurf destabilisiert daher immer einen demokratischen Prozeß.

Was bleibt, ist der Haß. Der Haß der Ausländerfeinde gegen die Ausländer. Der Haß der Ausländer untereinander und der Haß der Ausländerfreunde gegen die Ausländerfeinde. Wer glaubt, daß auf dieser Ebene ein demokratischer Prozeß in Gang gesetzt werden kann, der irrt.

Jeder Antifaschist, der einen Befürworter einer radikalen Einwanderungspolitik mit einem Faschisten vergleicht, schiebt diesen Konflikt in die Vergangenheit, damit weit weg von der Gegenwart und noch weiter weg von der Zukunft und erklärt ihn dadurch für unlösbar.

Postfaschismus und Postantifaschismus

Wer hat nicht die Losungen der Demonstranten gegen den Krieg in Vietnam in Erinnerung, als die USA direkt mit Hitlerdeutschland und die amerikanische Armee mit der SS verglichen wurde? Diese Argumente wiederholten sich während des Golfkrieges, und manche linke Gruppen fanden nichts dabei, mit Transparenten durch die Städte zu ziehen, auf denen »USA raus aus dem Irak« aufgemalt war.

Was dachten sich diese Antifaschisten der neuen Art bei diesen Vorwürfen? Vergaßen sie die Hunderttausende US-Soldaten, die im Zweiten Weltkrieg ihr Leben für die Freiheit Deutschlands opferten? Wußten sie nichts von befreiten Konzentrationslagern durch die amerikanische Armee? Ist das Ergebnis von mehreren Jahrzehnten Aufklärung und Unterricht über die Zeit des Nationalsozialismus die peinliche Gleichstellung eines Mörderregimes mit einer modernen westlichen Demokratie?

Der Antifaschismus der Nachkriegsjahre setzte auf eine inflationäre Art und Weise faschistoides Vokabular ein, um seinen Unmut über politisch Andersdenkende auszudrücken oder den Gegner in die Ecke des Verbrechens zu schieben.

Die Vergangenheit wurde zu einem Stigma. Die eigene Familiengeschichte zur Meßlatte.

Es war, als würde der Nachkriegs-Antifaschist sich von Mitgliedern seiner eigenen Familie umgeben fühlen. Der potentielle Nazi wurde als Verräter der eigenen Geschichte gesehen, und der Kampf gegen ihn glich einem Vatermord.

Die Analyse der modernen Geschichte war plötzlich simpel und einfach. Es gab jene, die aus der Vergangenheit gelernt hatten, und die anderen, die das nicht getan hatten. Die Veränderung des Deutschen stützte sich auf einen Disziplinierungsversuch, der entweder gelungen oder gescheitert war.

Neo- und Postfaschismus wurden nicht als unterschiedliche politische Strömungen erkannt, sondern als reine Fortsetzung der nationalsozialistischen Ideologie. Die modernen Formen des Faschismus müssen jedoch nach neuen Kriterien untersucht, analysiert und auch bekämpft werden.

Das Alte im Neuen

Neofaschisten sind politische Gruppen, die nach den alten Vorbildern entweder faschistoides Gedankengut verbreiten oder Parteien bilden, die traditionelle faschistische Meinungen und Ideen vertreten. Die italienischen Neofaschisten sahen sich bis in die achtziger Jahre als direkte Nachkommen der Mussolini-Partei.

Unter Postfaschismus versteht man neue autoritäre, nichtdemokratische Bewegungen, die von Interessengruppen oft gegen die Mehrheit einer Bevölkerung vertreten werden. Sie haben mit dem traditionellen Faschismus gemeinsam, daß sie totalitär, selbstherrlich und diktatorisch sind.

Das antifaschistische Kollektiv hatte immer schon

Schwierigkeiten, autoritäre Bewegungen zu bewerten. Während in Deutschland die Linke gegen den angeblichen Faschismus in der kapitalistischen Bundesrepublik und gegen die faschistischen Söldner der US-Armee in Indochina demonstrierte, übersah sie den Massenmord des Pol-Pot-Regimes in Kambodscha. Während Maos Kulturrevolution in der VR China, die mehr Menschen das Leben kostete als der Holocaust, blieb der empörte Aufschrei der Linken aus.

Eine der gröbsten politischen Falscheinschätzungen war sicherlich der Kampf der Linken gegen das Regime des Schahs im Iran. Hier setzte sich mit Khomeini eine Regierung an die Spitze des Landes, die den Postfaschismus in Form des religiösen Fundamentalismus vorexerzierte.

Fundamentalismus und Faschismus haben ähnliche Wurzeln und das in den zwanziger Jahren in den USA erschienene Buch »Faschismus und Fundamentalismus in den USA« beschrieb zum erstenmal die Ähnlichkeiten der religiösen fanatischen Gruppen – wie z. B. dem Ku-Klux-Klans – mit den neuen faschistoiden Parteien in Europa.

Der Begriff »klerikaler Faschismus« kam in der Literatur der Faschisten in Italien schon 1922 vor und beschrieb die Affinität eines Teils der Kirche mit Mussolini. Auch die extremen moslemischen Gruppen unterstützten in den zwanziger und dreißiger Jahren das faschistische Italien und den Hitlerstaat.

Eines der eigenartigsten Bücher über Hitler erschien 1937 (Edgar Alexander, »Der Mythos Hitler«), darin wurde der Führer als ein neuer Mohammed für den Islam beschrieben. Nationalsozialismus wurde als eine Form des politischen Islams definiert, in der der Haß die treibende Kraft für eine revolutionäre Veränderung sei.

Auch Sir Oswald Mosley, der Führer der britischen Faschisten, begründete die Niederlage seiner Bewegung in England damit, daß von seiner Seite zuwenig Verbindung zum Christentum geschaffen wurde. Doch der moderne Fundamentalismus ist nicht nur auf den Islam beschränkt. Der Kahanismus in Israel und die Attacken der Hindus gegen die Moslems in Indien sind Beispiele dafür, daß jede Religion extreme Formen der politischen Interpretationen ihrer Lehren kennt.

Die terroristischen fundamentalistischen Bewegungen der letzten Jahrzehnte provozierten die Antifaschisten zu keiner entscheidenden Reaktion. Der Anti-Fundamentalismus als eine neue, aktuelle Form des Antifaschismus setzte sich nicht durch. Die Vertreter der traditionellen antifaschistischen Organisationen konnten mit dem Postfaschismus besser leben als mit dem Neofaschismus. Außer ein paar Solidaritätsveranstaltungen für den vom Iran mit dem Tod bedrohten Schriftsteller Salman Rushdie legte sich das große Schweigen über die antifaschistische Internationale. Dieselben Gruppen, die gegen den Schah demonstriert hatten, fanden keinen Grund, gegen Khomeini auf die Straße zu gehen.

Als Hitler 1933 an die Macht kam, war eine seiner ersten Entscheidungen das Verbot der Gewerkschaften und die Abschaffung des 1. Mai als Tag der Arbeit. Genau das gleiche machte Khomeini, als er den Schah gestürzt hatte. Eine ganze Liste von Vergleichen gäbe es noch, die die Ähnlichkeit der beiden Regime zeigt.

Antifundamentalismus

Die Linke gab dem Antifundamentalismus keine Chance. Sie hatte Wichtigeres zu tun. Jeder lächerliche rechte Rülpser eines Jugendlichen, der nach ein paar Flaschen Bier »Heil Hitler« rief, war den Antifaschisten eine größere Bedrohung als die fundamentalistischen Diktaturen im Iran, in Afghanistan und im Sudan. Wie der von ihnen ständig kritisierte Kleinbürger, dessen Blick bis zum Ende des eigenen Gartens reicht, sahen die modernen Antifaschisten nur eine Gefahr für ihr eigenes Land.

Dieses kleinbürgerliche, spießige Verhalten der Antifaschisten wiederholte sich Jahr für Jahr. Genau wie jene Menschen, die sie wegen ihrer unbegründeten Ängste gegenüber Fremden verurteilen, reagieren sie hysterisch auf eine angebliche faschistoide Bedrohung und sehen den Wald vor lauter Bäumen nicht.

Diktatoren wie Saddam Hussein, Libyens Gadaffi, die Herrscher in Afghanistan und im Iran, die politischen Führer in China und Vietnam, die zahlreichen afrikanischen Diktaturen sind den Kämpfern um Frieden und Demokratie, die so wachsam auf jeden Ausbruch von Neonazismus reagieren, relativ gleichgültig.

Der Antirassismus wurde zu einer Bewegung linker Kleinbürger und zu einer Gleichgültigkeit bei Nichtbetroffensein. Je weiter weg der Konfliktherd war, desto weniger kümmerte er sie.

Wie nahe allerdings die Grenze der Gleichgültigkeit rückt, zeigte der Konflikt in Jugoslawien, wo ein Völkermord mit einer neuen Form der Unempfindlichkeit übergangen wurde. Alle Vorwürfe an die Bevölkerung, die während der Nazizeit den Verfolgten nicht geholfen hatte, müssen als scheinheilig und verlogen gelten, berücksichtigt man die Teilnahmslosigkeit der Antifaschisten während der Jugoslawienkrise.

Es ist einfach, jede kritische Bemerkung über Ausländerzustrom, Einwanderungsgesetze, Aufenthaltserlasse sofort als einen Beweis für faschistoides Denken zu verurteilen, während blutige Diktaturen in nahen und fernen Ländern kaum beachtet werden.

Genau dieses Verhalten in den Ländern außerhalb Deutschlands war es, das den Holocaust erst möglich machte. Ignoranz, Gleichgültigkeit und Überbewertung der Ereignisse im eigenen Land schufen in den vierziger Jahren eine Situation, die den von den Deutschen geplanten und organisierten Massenmord an den Juden nicht verhinderte.

Antifaschismus als Nativismus

Der moderne Antifaschismus ist in diesem Sinne auch eine besonders nationalistische Bewegung. Durch ein massives Abschotten gegenüber »fremden« Einflüssen verbeißen sich die Anhänger in eine Theorie. Es bildet sich ein kollektiv erlebter Aktionsablauf, der von dem Drang getragen ist, ein Gruppengefühl wiederherzustellen, das durch die historischen Fehler schwer erschüttert wurde.

Die Fremdkultur der Antifaschisten ist dem Fremdenhaß ihrer Gegner nicht unähnlich. Beide sind bestimmt in ihrem Verhalten von der Reaktionserwartung hinsichtlich des Fremden. Der Neofaschist und Rassist löst die gleichen Abwehrreaktionen beim Antifaschisten aus wie der dunkelhäutige Fremde bei einem radikalen Rassisten.

Dies ist mit ein Grund, warum die antifaschistischen Gruppen so kleinlaut auf die postfaschistoiden Gefahren reagieren. Die Erfahrung des Holocaust hat hier wenig verändert. Jahrzehnte später ist es der antifaschistischen Internationale nicht gelungen, Diktaturen in anderen Ländern zu beenden oder die Bevölkerung in Krisengebieten zu beschützen.

Damals wie heute sind es etablierte, fast immer demokratisch gewählte Regierungen, die mit ihren Armeen eingreifen. Die USA haben in den letzten Jahrzehnten bei zahlreichen internationalen Konflikten eingegriffen wie während des Golfkrieges und im ehemaligen Jugoslawien. Erst nach der Bereitschaft der USA, Truppen zu entsenden, schließen sich andere Länder an. Die Erfahrung zeigt, daß eine international organisierte militärische Intervention eine Diktatur stürzen kann, oder es wird über wirtschaftlichen Druck eine politische Änderung erzwungen.

Der Antifaschismus bleibt der Papiertiger, der er schon in den Vorkriegsjahren war. Den Produzenten der Sprechblase beschert dies vielleicht im Kreise der Freunde ein wohlmeinendes Schulterklopfen. Den Betroffenen hilft es überhaupt nicht. Auch die letzten politischen Änderungen in Indonesien wurden erst möglich, nachdem die USA der durch eine Wirtschaftskrise geschwächten Regierung jede Hilfe verweigerten und eine Ablösung des alten Diktators erzwangen.

Eine militärische und wirtschaftliche Weltmacht, die ihre demokratischen Prinzipien in andere Länder exportieren will, hat den stärksten Einfluß auf eine mögliche politische Veränderung. Deshalb ist eine militärisch und wirtschaftlich abgestützte Machtposition auch die beste Garantie für die Sicherheit der Demokratie.

Der moderne Antifaschismus hätte eine Chance in der Stabilisierung der Demokratien. Kaum eine internationale Organisation beschäftigt sich heute mit einer genauen Analyse der verschiedenen modernen postfaschistoiden Bewegungen, Diktaturen und fundamentalistischen Strömungen. Es fehlt eine internationale Gruppierung, die unter der Schirmherrschaft der heute mächtigen demokratischen Staaten mit einer besonderen

Wachsamkeit auf Verletzungen der Menschenrechte reagiert und die Macht besitzt, korrigierend einzugreifen. Unabhängig von Ideologie und Religion sollte diese Organisation Regierungen nach ihrem demokratischen Verhalten überprüfen.

Losgelöst von einem ständigen Vergangenheitsdenken, könnten Modelle erarbeitet werden, die die demokratischen Systeme verbessern.

Antikommunimus – Antifaschismus – Antisemitismus

Besonders beschämend waren die Reaktionen der Postantifaschisten auf die Ereignisse in den kommunistischen Ländern in den Jahrzehnten nach dem Ende des Zweiten Weltkrieges. Die Verwirrung geht dabei so weit, daß in einigen Web-Seiten antifaschistischer Organisationen im Internet noch heute der Antikommunismus als ein typisches Kennzeichen des Neofaschismus bezeichnet wird.

Über die Verbrechen Stalins ist in den letzten Jahren bereits ausführlich publiziert worden, über das Schweigen der westlichen Intellektuellen dagegen zuwenig. Vielleicht konnte man die Begeisterung über die Befreiungsphantasien der kommunistischen Ideologien noch verstehen. Den Wunsch nach Veränderung der kapitalistischen Gesellschaft, der Änderung der Produktionsverhältnisse und einer Beendigung der krassen, unfairen Formen der Ausbeutung.

Warum jedoch das Schweigen über den brutalen Terror der Stalinzeit? Warum das Schweigen über die antisemitischen Prozesse in den ehemaligen kommunistischen Ländern? Warum das Schweigen zu den Stasimethoden der DDR, den Verurteilungen der Regimegegner bis zum letzten Tag der kommunistisch regierten Länder? Warum das Schweigen gegenüber der antisemitischen Hetze?

Die Hetze gegen die Juden in der Sowjetunion und in den kommunistischen Satellitenstaaten in den fünfziger Jahren entsprach in der Diktion genau jene der Nazis. Nach dem Vorbild der Nationalsozialisten wurde ihnen »Kosmopolitismus«, also eine jüdische Weltverschwörung im Sinne der Weisen von Zion vorgeworfen. Es offenbarte sich mit schrecklicher Deutlichkeit, daß Stalin auch von den Erkenntnissen über den Holocaust von Hitler so beeindruckt war, daß er vieles einfach übernahm. Das kalte Kalkül, daß in den kommunistischen Satellitenstaaten der Judenhaß in den Jahren nach dem Ende des Krieges immer noch weit verbreitet war, nützte er aus und importierte die antijüdische Hetze in diese Länder.

Der Rajk-Prozeß in Ungarn, der Slansky-Prozeß in der Tschechoslowakei, die Anna-Pauker-Affäre in Rumänien – all diese Prozesse wurden über Jahre vorbereitet und liefen peinlichst bis ins kleinste Detail geplant ab.

Das Kollektiv der Antifaschisten im Westen schwieg dazu. Es schwiegen sogar die jüdischen Gemeinden. Der vereinzelte Protest einiger Mutiger war nicht mit den Reaktionen rechtsextreme und neonazistische Aktivitäten im eigenen Land zu vergleichen.

Der linke Staatsterrorismus gegen Juden und andere willkürlich auserwählte Feinde wurde weitgehend ignoriert. Mit dem alltäglichen Antisemitismus hatten die Juden gelernt zu leben. Der bürokratisch geplanten Vernichtungsstrategie der kommunistischen Führer, die ihr Vorbild bei den deutschen Nationalsozialisten fanden, waren sie nicht gewachsen.

Hilfe kam nicht, wie schon während der Nazizeit. Auch die Kritik blieb aus. Selbst die Kommunisten im Westen wurden verschont. Man drückte beide Augen und Ohren zu mit dem Argument, es handle sich ja bei den Genossen ebenfalls um Antifaschisten. Die verlogene antifaschistische Argumentation der Vorkriegsjahre wurde gedankenlos übernommen und das Schweigen bestimmt von der Angst, ja nicht mit dem antikommunistischen Feind in einer Reihe zu stehen. Nicht das moralische Verhalten war wichtig, sondern die linke Einheitsfront. Dafür war kein Preis zu hoch.

Wie schon in den zwanziger und dreißiger Jahren ging es um politisches Geplänkel. Um eine Frontenstellung, in der sich die einen nicht in der Gemeinschaft der anderen sehen wollten. Eine Kritik an den Zuständen in den Ostblockländern hätte unter Umständen bedeutet, daß man die gleiche Meinung vertritt wie der ideologische und politische Feind auf der konservativen Seite. Die moralische Verantwortung und das Schicksal der Betroffenen war den Antifaschisten, die den Kampf gegen den Antisemitismus angeblich so wichtig nahmen, so gleichgültig wie zehn oder zwanzig Jahre zuvor.

Bis heute fällt der antifaschistische Internationale nichts zu den Regimen in China, Kuba, Birma und Vietnam ein. In den langen Listen der Veröffentlichungen der Antifa-Organisationen über rechtsradikale und faschistoide Verbrechen kommen die kommunistischen Regime nicht vor.

Der Kampf gegen Diktaturen war noch nie ein Anliegen der Antifaschisten. Sie konzentrieren sich lieber auf den »Alltagsfaschisten« in ihrer unmittelbaren Umgebung. Wie der österreichische Schriftsteller Gerhard Roth zum Beispiel. Für ihn sind die Österreicher schon aus »genetischen« Gründen zum ewigen Faschismus verurteilt. Der nie aufgearbeitete Haß auf die Bevölkerung der eigenen Heimat ist ein besonderes Kennzeichen der antifaschistischen Denkweise. Wie einen Tropfen Öl sieht sich der Antifaschist auf dem See der Heimat schwimmend. Getrennt von dem Bösen und unvereinbar, bleibt er ewig rein und jungfräulich.

Mit einem antifaschistischen Heiligenschein wandern die Antifaschisten durchs Leben, und die Erlösung kann nur durch einen neuen Hitlerstaat kommen. Dann endlich kann der Held als Widerstandskämpfer sterben und das Verbrechen seiner Vorfahren wiedergutmachen.

Postfaschistoide Massenbewegungen

Bei allen postfaschistoiden Systemen, ob politisch oder religiös ideologisch motiviert, entscheidet die Gewalt über das Überleben des Regimes. Der Terror, die Unterdrückung, die Zensur und die absolute Polizeigewalt setzen das Prinzip der nationalsozialistischen Führungsmethoden bis in die Jetztzeit in vielen Ländern fort.

Der Kampf gegen diese Regime sollte eine Verpflichtung aller Demokraten sein. Eine antitotalitäre Koalition aller Demokraten funktioniert allerdings bis heute nicht.

Was zählt, ist die Affäre und nicht die Erfahrung, wie dies einst Wolfgang Fritz Haug beschrieb. Das Auffliegen einer Person, die Aufdeckung, punktuell oder allgemein, ist wichtiger als die Aufarbeitung der Vergangenheit und die Gemeinsamkeit der Demokratisierung aller Völker und Länder. Antifaschismus kann – wenn er sich selbst ernst nimmt – nur dann eine Zukunft haben, wenn er sich ohne Rücksicht auf politische Zugehörigkeit und Gefälligkeit für die Demokratie entscheidet. Nur dann wird er sich von seinen eigenen historischen Fesseln befreien und eine Glaubwürdigkeit erreichen, die er nie besaß.

Der entscheidende Fehler der Nachkriegs-Antifaschisten war, aus den Irrtümern ihrer Lehrer nicht zu lernen. Wie die Antifa-Theoretiker der zwanziger Jahre versuchten sie Jahrzehnte später mittels gesellschaftspolitischer Analysen in fast religiös-absolutistischer Art, politische Prozesse zu werten und in ihr eigenes Weltbild zu pressen.

Die »Masse« als unberechenbares, emotional reagierendes Element in einem Prozeß der politischen Veränderungen wurde von ihnen ebensowenig beachtet wie die neuen Ideen, die diese verführten.

In der von Hannah Arendt beschriebenen »Konkurrenz um die Seele« versagt das antifaschistische Weltbild, da es eine Mitgliedschaft in konkurrierenden politischen Gruppen nur unter den eigenen, meist nüchternen und logischen Bedingungen zuläßt.

Das Einbeziehen der Anhänger in die eigenen Reihen, ohne auf die Argumente der Gegner einzugehen, ermöglicht eine Propaganda, die es sich erspart, sich auf dem Boden des intellektuellen und emotionalen Wettbewerbes durchzusetzen.

Die angebliche Massenbewegung der Antifaschisten ist jedoch jeder anderen politischen Kraft unterlegen. Sie verändert die Aufnahmebedingungen für ihre Anhängerschaft wahllos je nach politischer Aktualität gegenüber Faschisten, Imperialisten, Kapitalisten, Nazis, Rassisten, Antisemiten, Antikommunisten, Reaktionären, Rechtsextremen, Holocaust-Leugnern, Ausländerfeinden usw.

Der moderne Antifaschismus versucht sich außerhalb der Parteienbewegungen zu etablieren mit einem Angebot an alle, die er nicht ausschließt. Er geht von einer Plattform der Auserwählten aus, die andere nicht überzeugen muß. Er geht in Friedenszeiten mit propagandistischen Methoden gegen seine Gegner vor, die ihren Ursprung in den Zeiten des Krieges haben.

Einer der Gründe für die Hilflosigkeit des Antifaschismus gegenüber modernen postfaschistoiden Strömungen beruht auf seiner Unerfahrenheit mit Massenbewegungen und seiner Abwehrhaltung gegen die sogenannte einfache Bevölkerung. Seine Vertreter gehen davon aus, daß die eigenen Anhänger ohnehin mit der Masse der Menschen nichts zu tun hätten. Sie fühlen sich in der eigenen Gesellschaft als Minderheit, herausgeschält aus der Mehrheit und von ihr verfolgt. Die Mehrheit wird als prinzipiell gefährlich und faschistoid interpretiert. Sich selbst als »Masse« zu verstehen wäre demnach ein Widerspruch.

Der gefährliche Irrtum des Antifaschisten beruht auf der Ignoranz, daß »Masse« immer auch Faschismus bedeutet und daß die Mehrheit der Bevölkerung den Unterschied zwischen Gut und Böse nicht erkennt. Er sieht das sogenannte einfache Volk als ein gefährliches Potential mit demokratiegefährdenden Phantasien und richtet seinen Kampf immer als Minderheit gegen die Mehrheit.

Der Antifaschist übersieht dabei, daß eine demokratische Verfassung auf die schweigende Duldung aller politisch inaktiven Elemente in der Bevölkerung angewiesen ist. Sie ist von den unartikulierten und unkontrollierbaren Massenbestimmungen ebenso abhängig wie von den artikulierten und organisierten öffentlichen Institutionen.

Nicht der aktive Antifaschist stabilisiert die Demokratie, sondern die schweigende Mehrheit, die sich nicht für eine faschistoide Bewegung mobilisieren läßt. Diese als den für die Demokratie gefährlichen Anteil der Bevölkerung zu diffamieren ist einer der ideologischen Hauptfehler des Antifaschismus. Er ist dann auch sprachlos, wenn in der Tat eine bisher schweigende Mehrheit eine Diktatur unterstützt und plötzlich das geschieht, was er immer voraus gesagt hat.

Diese Sprachlosigkeit der Antifaschisten gegenüber postfaschistoiden Massenbewegungen und Diktaturen ist einer ihrer schwersten Fehler. Er hat seine Ursachen in der Hilflosigkeit der antifaschistischen Argumentationen gegenüber schweigenden Mehrheiten, die ihr Schweigen plötzlich aufgeben. Geschockt stehen sie meist da, weil die von ihnen verurteilte »Masse« sich wehrt und in Bewegung gerät. Die Stärke der Antifaschisten kommt nur zur Geltung, wenn die »Masse« stillschweigend die Diffamierungen hinnimmt oder sie ignoriert.

Bewegt sich die »Masse«, so zieht sich der Antifaschist meist zurück. Er fürchtet den »einfachen« Menschen, sieht sich bedroht von ihm. Er riskiert keine offene Auseinandersetzung und versucht sich auf heimatlichem Boden mit den ewig sich wiederholenden klischeehaften Vorwürfen. In den gleichen Zeitungen und Zeitschriften, in den gleichen TV- und Radiosendungen kommt weiter zu Wort und warnt und droht.

Die antifaschistischen Bewegungen haben nie den Kontakt zur Bevölkerung hergestellt. Ob Diktatur oder Demokratie, sie verharren abseits der »Normalbürger« in einer sicheren Distanz und fürchten sich vor einem Volk, dem sie selbst nie angehören wollen. Die Außenseiterrolle ist die Voraussetzung für eine neuzeitliche antifaschistische Überzeugung. Sie schützt den Antifaschisten vor einer Verschmelzung mit dem verhaßten Volk und dessen Verhalten. Der Abstand wird eisern verteidigt, denn er sichert die ideologische Basis und die psychische Stabilität.

Antifa-Semitismus

Antifaschismus ohne den Kampf gegen Antisemitismus wäre heute nicht vorstellbar. Der Holocaust prägte die antifaschistischen Aktivisten der Nachkriegsjahre, während der Antisemitismus vor dem Krieg die damaligen Antifaschisten kaum interessierte.

In den Antifa-Webseiten im Internet ist eine Vielzahl von jüdischen Organisationen aufgelistet. Der Zusammenhang zwischen Antifaschismus und Antisemitismus ist jedoch nicht so klar und unbelastet, wie er sich heute darstellt. Die Geschichte der beiden Antihaltungen läuft nicht so parallel und ohne Berührungspunkte, wie uns die Aktivisten der Antifa-Bewegungen gerne vorgaukeln. Der Kampf gegen Antisemitismus war nie ein Bestandteil des traditionellen Antifaschismus, so wie die Geschichte der Juden und der jüdischen Organisationen sich nicht wie die einer antifaschistischen Organisation liest.

Die Brüche und Widersprüche der antifaschistischen und jüdischen Geschichte in diesem Jahrhundert historisch wahrheitsgetreu darzustellen ist nicht ungefährlich. Kritik an dem Verhalten einzelner jüdischer Organisationen und Aktivisten wird sofort als antisemitisches oder faschistoides Verhalten verurteilt.

Während einer Veranstaltung vor etwa zehn Jahren zum Thema »Zweite Generation nach dem Holocaust«, zu der ich in Los Angeles eingeladen war, meinte einer der Teilnehmer: »Wenn Hitler nicht den Massenmord an den Juden zu verantworten hätte, gäbe es heute schon – wie nach Napoleon benannt – einen Weinbrand mit seinem Namen«.

Vielleicht hat der Mann gar nicht so unrecht. Der industriell organisierte Mord an Juden, Homosexuellen, Zeugen Jehovas, Roma und Sinti, Behinderten und vielen anderen, die die nationalsozialistischen Machthaber als nicht lebenswert erklärten, hat ein historisches Bild der Nazizeit geprägt, das eine unüberwindbare Hürde geschaffen hat. Der Zweite Weltkrieg läßt sich nicht wie andere Kriege einfach in den Geschichtsbüchern ablegen.

Jede noch so harmlose Bemerkung über diese Zeit, die nicht Erschütterung, Trauer und Schuld ausdrückt, kann den Sprecher oder Autor in Bedrängnis führen. Der Holocaust hat einen nahezu religiösen Wert in unserer Gesellschaft, und jeder, der dieses Tabu verletzt, muß damit rechnen, wie ein Atheist behandelt zu werden oder gar als Antichrist, wenn er den Holocaust etwa verleugnet.

Die nachweisbare und nachvollziehbare Erschütterung über den Holocaust ist in unserer Zeit die Meßlatte für Political Correctness, gesellschaftliche Akzeptanz und politische Glaubwürdigkeit. Eine Verletzung dieser Grenzen wird nicht nur nicht toleriert, sondern führt zum Ausschluß aus der Gesellschaft und zur Verteufelung. Der Antisemit wurde zum Teufel der Neuzeit erklärt, und jede diskriminierende Bemerkung über Juden wird gleichgesetzt mit einem Dulden des Holocaust.

Doch der Kreis rund um Auschwitz wird immer größer. Die Empörung gegenüber judenfeindlichen Aussagen wurde auf jede unkritische Aussage über die Nazizeit erweitert. Während einer Veranstaltung über »Jugendliche und Rechtsextremismus« in Graz legte einer der Vortragenden eine Untersuchung vor, in der neofaschistisches Verhalten bei Jugendlichen unter anderem mit der Frage abgeprüft wurde, ob es stimme, daß Hitler Autobahnen gebaut habe.

Auschwitz als Reduktion

Die Konzentration eines historischen Zeitabschnittes auf dieses eine Ereignis hatte einen entscheidenden Einfluß auf die darauf folgende Epoche. Sie behinderte zum Teil eine wahrheitsgetreue Analyse der historischen Realitäten, und die erste Wissenschaftlerin, die sich mit dieser Aussage die Finger verbrannte, war sicherlich Hannah Arendt.

Die Wahrheit ist nie nur schwarz und weiß; Geschichte wird von Menschen gemacht, die Fehler begehen oder manchmal einen Weg suchen, der nicht nur richtig oder falsch ist.

Die Aufarbeitung des Holocaust hat daher in mehrerer Hinsicht versagt. Weder wurden alle Schuldigen bestraft noch alle Opfer entschädigt und schon gar nicht jene, die Widerstand oder Hilfe leisteten, geehrt und belohnt.

In einer teilweise verkrampften Show wird an den Mord an den Juden Tausende und Abertausende Male erinnert, so daß selbst einige der Überlebenden von »There is no business like shoabusiness« sprechen. Eine Unzahl von Kongressen, Symposien, wissenschaftlichen Werken, Vorträgen, Dokumentationen, Interviews mit Überlebenden behandelt das Thema seit dem Ende des Krieges, ohne daß wirklich Neues geboten wird. Kein historisches Ereignis der Weltgeschichte wurde so oft in Büchern, Filmen und Theaterstücken verarbeitet.

Ist die Ursache hierfür in der Tat nur die Einmaligkeit des Verbrechens? Oder gibt es andere Gründe, warum der Schrecken des Holocaust eine Schockwelle auslöste, die scheinbar kein Ende findet?

Sind es Schuld und Scham, die keinen mehr loslassen? Die Schuld und die Unschuld, die Scham und die Schamlosigkeit übertragen sich seit dem Ende des Krieges von einer Generation auf die nächste. Dieser Generationskonflikt auf seiten der Täter wie auch auf seiten der Opfer hat mehr Einfluß auf den modernen Antifaschismus als alle anderen Ereignisse des Nationalsozialismus.

Die Frage der Verantwortung für den Holocaust ist für den Neo-Antifaschismus deshalb so wichtig, weil er seine Argumentation hauptsächlich auf die Beantwortung dieser Frage aufbaut. Bis heute sind Historiker auf der Suche nach den entscheidenden Dokumenten, die den Befehl für den Massenmord an den Juden ausdrücklich nennen.

Doch der nationalsozialistische Alltag war eine fast schon absurde Verselbständigung eines normal funktionierenden Beamtenapparates, der KZs mit Gaskammern baute, Züge organisierte, Menschen transportierte, Gas bestellte, Menschen ermordete, sie verbrannte und ihr Hab und Gut verwaltete.

Für die Nachkriegsgenerationen ist vor allem die Tatsache bedrückend, daß die vielfach beschriebene kollektive Barbarei, die diese perfekte Mordmaschine erst ermöglichte, durch den Antifaschismus nicht einmal behindert wurde. Zu dem Schock des Ereignisses kam der Schock, daß dies alles praktisch ohne Widerstand möglich war.

In einer seltenen Mischung aus Ohnmacht und Gleichgültigkeit sah die Welt zu, wie Millionen von Menschen Tag für Tag vergast und verbrannt wurden. Damit müs-

112

sen nicht nur die Deutschen heute leben, deren Vorfahren für den Mord verantwortlich waren. Das Schweigen betraf auch die alliierten Armeen, die Antifaschisten und auch Juden, die damals in Sicherheit in anderen Ländern lebten.

Antisemitismus als Nebenwirkung

Von Beginn an zeigte die Welt rund um Deutschland wenig Interesse an der Rettung der Juden. Bereits im Juli 1938 konnten sich die Delegierten aus zweiunddreißig Ländern während eines Kongresses in Evian-les-Bains nicht auf eine gemeinsame Einwanderungspolitik zur Rettung der europäischen Juden einigen. Sie empfahlen die Bildung eines Internationalen Komitees, das mit den Deutschen direkt über eine Erleichterung der Auswanderung für Juden verhandln sollte.

Die demokratisch gewählten Regierungen richteten sich nach den Stimmungen in ihren Ländern. Die USA zum Beispiel lehnten eine Erweiterung der Einwanderungsquoten ab, weil sich in einer Umfrage siebenundsechzig Prozent der Bevölkerung dagegen aussprachen (veröffentlicht in *Fortune* im Juli 1938). In Australien bat selbst die jüdische Gemeinde die eigene Regierung, die Einwanderungsquoten für Juden nicht zu erhöhen, da sie befürchtete, der Antisemitismus könnte dadurch stärker werden.

Die Sowjetunion bildete zwar ein eigenes Jüdisches Antifaschistisches Komitee, das jedoch nur im Sinne der kommunistischen Antifaschismustheorie auftreten durfte. Dem Komitee war nicht gestattet, sich mit dem Schicksal der Juden zu beschäftigen; es sollte mit den anderen antifaschistischen Organisationen gegen den Klassenfeind kämpfen.

Später war die wichtigste Aufgabe des Jüdischen Komitees, in den USA bei jüdischen Organisationen Spenden für die Sowjetunion zu sammeln. Nach dem Krieg wurden alle Mitarbeiter, die in leitenden Funktionen in dem Komitee gearbeitet hatten, auf Auftrag Stalins verhaftet und hingerichtet.

Die von Moskau kontrollierte antifaschistische Volksfront und auch die anderen marxistischen und sozialdemokratischen Antifaschisten hatten von Beginn an nicht das geringste Interesse an der Rettung der Juden.

Die Theorie der Marxisten zum Thema Antisemitismus war einfach, und niemand in den eigenen Reihen kritisierte sie. Jede Form von Rassismus und Antisemitismus interpretierten sie als ein Symptom einer größeren Krankheit, die nur durch die Beseitigung des Kapitalismus geheilt werden könne. Judenhaß konnte es demnach nur in einer nichtkommunistischen Gesellschaft geben. Sei diese einmal überwunden, würde es auch keinen Antisemitismus mehr geben. Bis dahin müßten sich die Juden und andere, die der Nationalsozialismus mit dem Tod bedrohte, eben gedulden.

Interessanterweise hatte diese Vision auch auf Juden selbst einen starken Einfluß. Sie gaben sich der Illusion hin, in den Reihen der Kommunisten nicht nur für eine bessere Zukunft zu kämpfen, sondern auch unabhängig von ihrer Herkunft akzeptiert zu werden.

Der Sturz des Hitlerregimes sollte für die Marxisten ein wichtiger Schritt in Richtung Überwindung des Kapitalismus sein. Wenn Juden an diesem Prozeß mitarbeiten wollten, waren sie in den Reihen der Linken willkommen. Viele Juden kämpften dann auch in den Reihen des kommunistischen Widerstandes. Kaum einer von ihnen überlebte diesen Kampf.

Während sich sozialistische und kommunistische Widerstandsgruppen in Deutschland und in den besetzten Ländern bildeten, nahm man den Juden während derselben Zeit schrittweise alle Rechte. Sie wurden aus der Gesellschaft ausgestoßen, selektiert, gesammelt, abtransportiert und ermordet.

Der Mord an den Juden geschah nicht erst in den letzten drei Jahren des Krieges. Die ersten antisemitischen Gesetze erließ Hitler bereits 1933. Jahrelang konnte die antifaschistische Internationale miterleben, wie Juden gedemütigt, verhöhnt, geschlagen und schließlich getötet wurden. Die Antifaschisten schwiegen.

Noch während die Nazis die ersten diskriminierenden Gesetze gegen die jüdische Bevölkerung erließen, argumentierte die marxistische Propaganda der Kommunistischen Partei Deutschlands mit geschmacklosen antikapitalistischen Parolen wie:

»Ob Christian oder Itzig, das Geschäft bringt's nun mal mit sich / Ob Jude oder Christ, Kapitalist ist Kapitalist«

Als es wenige Jahre später keine jüdischen Kapitalisten mehr gab in Deutschland, fiel den Marxisten nichts mehr Neues dazu ein. Bis zur Kristallnacht wiederholten die Kommunisten ihre stereotypen ablehnenden Klischees gegenüber dem Zionismus.

Nach der Verkündung der Nürnberger Rassengesetze verlangte die KPD-Spitze, daß die Juden unter den Kommunisten eigene Widerstandsgruppen bilden sollten, um ihre Genossen nicht zu gefährden.

Judenfreier marxistischer Widerstand

In Arnold Lustigers wichtigem Werk über den Widerstand der Juden (»Zum Kampf auf Leben und Tod!«,

Köln 1994) wird immer wieder auf den Konflikt zwischen Kommunisten, Sozialisten und linken Juden im Widerstand gegen die Nationalsozialisten hingewiesen. Selbst unter den Genossen blieben die Juden Außenseiter, und die Einheitsfront des Antifaschismus bröckelte immer dann, wenn es um die Rettung von Juden ging.

Selbst Überlebende der Konzentrationslager berichteten von einer unterschiedlichen Wahrnehmung der Rettungsmöglichkeiten durch die Widerstandsgruppen in den KZs. Die meist durch Kommunisten organisierten Widerstandsgruppen halfen nur ihren Genossen und verweigerten in vielen Situationen den wenigen jüdischen Gruppen eine Unterstützung.

In manchen Fällen setzte sich dieser Streit auch nach dem Krieg noch fort. Die schärfsten Auseinandersetzungen unter den Überlebenden ereigneten sich sicherlich in den Jahren nach der Befreiung des Konzentrationslagers Buchenwald. Die Vorwürfe gegen die kommunistisch kontrollierte Selbstverwaltung waren so massiv, daß die amerikanische Armee, die das Lager befreit hatte, eine Untersuchungskommission einsetzte. In dem Bericht, der sich auf Aussagen von ehemaligen Häftlingen stützte, stand zu lesen, daß »unter dem Terror der SS ein eigenes Terrorregime der Kommunisten« errichtet worden sei.

Niemandem soll hier vorgeworfen werden, wie er sich unter dem täglich möglichen Tod entschieden hat, und von niemandem kann mit Selbstverständlichkeit erwartet werden, daß er sich in jeder Situation wie ein Held ohne Rücksicht auf Lebensgefahr und Folter verhält. Doch keiner der linken Antifaschisten, der heute fanatisch auf jedes antisemitische Ereignis mit dem Hinweis auf das tragische Schicksal der Juden reagiert, kann behaupten, daß seine Genossen schon immer die Retter der Juden waren.

116

Viele der ehemaligen kommunistischen Häftlinge aus Buchenwald erreichten später einflußreiche Positionen in der DDR. Doch der Konflikt zwischen den »Kapos« und den anderen Gefangenen war noch lange nicht zu Ende. In den fünfziger Jahren stellte der sowjetische Geheimdienst ein Dokument zusammen mit Aussagen von ehemaligen kommunistischen Häftlingen, die nicht in die Selbstverwaltung aufgenommen worden waren.

All diese Ereignisse müssen heute berücksichtigt werden, wenn die Geschichte des Nationalsozialismus und des Antifaschismus nicht eine Sammlung von Klischees und Vorurteilen sein soll. Die Argumentation der Nachkriegs-Antifaschisten orientiert sich unter anderem auch am kommunistischen Widerstand. Diese sicherlich zum Teil heldenhaften Versuche, den Nationalsozialismus frühzeitig zu Fall zu bringen, ändern nichts an dem Schweigen der Marxisten zum Thema Antisemitismus.

Der ständige Verweis auf die Gefahr von rechts, deren markantestes Kennzeichen der Antisemitismus sei, baut sich auf eine Geschichtslüge auf. Die Zuordnung der alleinigen Verantwortung für den Holocaust zur politisch rechten Seite positioniert die eigene politische Vergangenheit auf seiten der Unschuldigen, auf seiten der Opfer. Linke Vergangenheitsbewältigung ist ein leeres Blatt in den Geschichtsbüchern. Solange die Marxisten ihre Mitverantwortung für den Holocaust nicht aufarbeiten, können ihre Argumente gegen den Antisemitismus nicht ernst genommen werden.

Zionismus und Antifaschismus

Selbst auf seiten der Juden und der jüdischen Organisationen war der Antifaschismus keine eindeutige und selbstverständliche Entscheidung. Den Zionisten unter den Juden ging es vor allem um die Gründung eines jüdischen Staates, und dieses Anliegen war einigen von ihnen wichtiger als der Kampf gegen Nazideutschland. In manchen Fällen auch wichtiger als die Rettung der Juden.

Am 7. Dezember 1938 erklärte der spätere Präsident Israels, Ben Gurion:

»Wenn ich wüßte, daß es möglich wäre, alle jüdischen Kinder aus Deutschland nach England zu retten, oder nur die Hälfte von ihnen, wenn wir sie nach Israel bringen, würde ich mich für die zweite Lösung entscheiden.«

Für die Zionisten war die Assimilation der Juden eine größere Bedrohung als der Nationalsozialismus. Am 21. Juni 1933, also wenige Monate nach den ersten antijüdischen Gesetzen, schrieb die Zionistische Organisation Deutschlands, daß die Rassengesetze der Nazis zum Teil mit den Interessen der Juden konform gehen. Auch sie als Zionisten würden Mischehen verurteilen und sähen unter den neuen Bestimmungen die Möglichkeit für eine reinrassige Existenz für die Juden. Sie begrüßten die Möglichkeit, das Judentum von nun als ihre Nationalität zu sehen.

Der spätere Premierminister Yitzhak Shamir verlangte noch 1941 in seinem Fanatismus für einen jüdischen Staat eine Unterstützung Hitler-Deutschlands im Kampf gegen Großbritannien.

Die Nazis wußten diese Ansichten zu schätzen. Einige ihrer Ideologen versuchten einen Unterschied zwischen Juden und Zionisten zu definieren, wie zum Beispiel Alfred Rosenberg, der den Rassismus der Zionisten begrüßte und den Vorschlag machte, die Gründung eines eigenen Judenstaates zu unterstützen.

Es gab den jüdischen Antifaschismus, der von den Zionisten allerdings wenig geschätzt wurde. Während Hunderte jüdische Widerstandskämpfer in Deutschland, in den Konzentrationslagern und den besetzten Ländern versuchten, anderen Juden zu helfen, oder als Soldaten auf der Seite der Alliierten kämpften, hatten die professionellen Zionisten nur ein Ziel: die Errichtung des jüdischen Staates, koste es, was es wolle.

Die Juden, die mit der Waffe gegen den nationalsozialistischen Staat kämpften, genossen nicht das Vertrauen der Zionisten. Noch viele Jahre nach dem Krieg versuchten die zionistischen Führer den jüdischen Widerstand zu verleugnen, und eine direkte Konfrontation mit den wenigen Überlebenden des Widerstandes war ihnen peinlich.

Selbst anläßlich der Feierlichkeiten für den fünfzigsten Jahrestag des Aufstandes des Warschauer Ghettos intervenierte der damalige israelische Premierminister Yitzhak Rabin bei dem polnischen Präsidenten Lech Walesa, den einzigen Überlebenden unter den Führern des Aufstandes, Marek Edelman, nicht sprechen zu lassen.

Einige der historischen Zitate klingen heute besonders irritierend. Noch im April 1938 schrieben Zionisten in einer jüdischen Zeitschrift in London: »Sollen Juden überhaupt an dem antifaschistischen Kampf teilnehmen? NEIN! Sie haben nur ein Ziel: die Errichtung des Staates Israel!«

Nahum Goldman beschreibt in seiner eigenen Biographie ein Treffen mit dem damaligen tschechischen Premierminister, Edward Beneš, der wütend war und ihm vorwarf, daß die zionistischen Organisationen den antifaschistischen Kampf gegen Hitler verraten hätten. Goldman schrieb selbst, wie sehr er sich nach diesem Gespräch schämte.

Eine der schaurigsten Episoden des Holocaust war sicherlich der Vorschlag, den Rudolf Kastner, der Vizepräsident der Zionistischen Organisation, Adolf Eichmann zur Deportation der ungarischen Juden machte. Kastner schlug Eichmann vor, daß 1684 ausgesuchte jüdische Fachleute wie Techniker, Ärzte und Wissenschaftler aus Ungarn nach Palästina auswandern dürfen sollten, um dort mitzuhelfen, den jüdischen Staat aufzubauen. Als Gegenleistung würde er die verbleibenden vierhunderttausend Juden mit der Lüge beruhigen, daß sie nicht nach Auschwitz transportiert würden, sondern ebenfalls auswandern könnten. Das würde die Deportation dieser riesigen Menschenmasse für die SS erheblich erleichtern.

Als diese Informationen zwanzig Jahre später während des Eichmann-Prozesses in Jerusalem bekannt wurden, forderten israelische Zeitungen die Verhaftung von Kastner wegen Kollaboration mit den Nazis. Es kam nie dazu.

Doch Kastner war kein Einzelfall. Es existieren Dutzende Dokumente, Zeitungsartikel und Protokolle, die belegen, daß die zionistischen Führer während der Schreckensherrschaft der Nationalsozialisten wenig Interesse daran hatten, die europäischen Juden zu retten. Es ging ihnen immer nur um die sogenannte Elite, um brauchbare Menschen, die mithelfen konnten, den Staat Israel aufzubauen.

Mehrere Male schlugen die zionistischen Untergrundorganisationen LEHI (Movement for the Freedom of Israel) und NMO (National Military Organization) eine Zusammenarbeit mit den Nationalsozialisten im Kampf gegen England vor.

Die peinliche Doppelmoral der zionistischen Führer während der Zeit des Nationalsozialismus ist historisch noch nicht aufgearbeitet. Die Benutzbarkeit des Antisemitismus in der Propaganda der Antifaschisten gegen die

Gefahr von rechts hinterläßt einen unangenehmen Nachgeschmack. Der Rassismus und der Antisemitismus sind Verbrechen gegen die Menschlichkeit und eignen sich weder dazu, politische Unterschiede zu beschreiben, noch dazu den politischen Kampf der Antifaschisten zu unterstützen. Rechte und linke Parteien müssen ihre eigene Geschichte zu diesen Themen dokumentieren. Erst dann können sie glaubwürdig argumentieren, daß sie für eine bessere Zukunft kämpfen.

Antizionismus und Antifaschismus

Zu den eigenartigsten Argumentationsstrategien der verschiedenen politischen Gruppierungen der Nachkriegsgeneration zählen die Versuche, nachzuweisen, wer letzten Endes für Auschwitz *nicht* verantwortlich war. Die Schuld- und Unschuldszuweisungen und Selbsteinschätzungen wurden bereits in den fünfziger Jahren von einer Rechts-links-Debatte überlagert, die auch die Einstellung der verschiedenen politischen Gruppierungen gegenüber Israel beeinflußte.

Die ersten Versuche der deutschen Bundesregierung, das jüdische Eigentum rückzuerstatten und den neuen Staat Israel anzuerkennen, stießen auf massiven Widerstand in der Bevölkerung, die sich nach dem Krieg mehrheitlich für den Nationalsozialismus nicht verantwortlich fühlte. Eine breite Basis der Nachkriegslinken von Sozialdemokraten, Gewerkschaften, Linksliberalen und linken Christen engagierte sich jedoch für die Wiedergutmachung und auch für die Anerkennung des Staates Israel.

Erst die Neue Linke und damit auch die neuen Vertreter des Antifaschismus in den sechziger Jahren definierten im Schatten des Vietnamkrieges eine ganz neue Haltung zu Israel, die sich mehr und mehr auf eine generell neue Haltung gegenüber Juden ausweitete. Der Wendepunkt war der Junikrieg 1967. Der Sieg Israels wurde vor allem von der Springerpresse gefeiert. In wenigen Wochen kippte die proisraelische Haltung der Linken in einen Haß gegenüber dem Zionismus um.

Antisemitismus wurde unwiderruflich direkt mit Auschwitz verknüpft. Da sich niemand dafür verantwortlich fühlte und die Linke sich auf der Gegenseite der Altnazis und Neonazis positionierte, konnte der neuentdeckte Antizionismus auch nie ein übernommener Antisemitismus sein.

Israel wurde plötzlich als »imperialistisch-faschistisches Staatengebilde« verurteilt. Der Frankfurter SDS marschierte mit der Parole »Nieder mit dem chauvinistisch-rassistischen Staatengebilde Israels«. Die Sponti-Gruppe »Schwarze Ratten/Tupamaros Westberlin« beschmierte 1969, zum einunddreißigsten Jahrestag der Kristallnacht, in Westberlin mehrere Mahnmale mit »Shalom und Napalm«. Im jüdischen Gemeindehaus wurde eine Brandbombe deponiert.

Die Neue Linke, die in ihrer antizionistischen Argumentation auch nie den Begriff des Antifaschismus ausließ, sprach von einem falsch verstandenen Schuldgefühl der Deutschen nach dem Krieg. »Aus dem Faschismus vertriebene Juden sind selbst Faschisten geworden«, argumentierten sie.

Sogar die Geiselnahme und die Ermordung der israelischen Sportler während der Olympiade wurde von einigen linken Gruppen verteidigt und als beispielhafte »antiimperialistische, antifaschistische internationale Aktion« begrüßt.

Die haßerfüllte Sprache der linken bis linksextremen

Antifaschisten steigerte sich in den kommenden Jahren. 1972 veröffentlichte das Magazin *Arbeiterkampf* den Aufruf:»Der Konflikt im Nahen Osten kann nicht anders gelöst werden als durch die Zerschlagung des zionistischen Staates« und schloß den geistreichen Kommentar mit dem Satz:»Sieg im Volkskrieg! Israel muß weg!«

Doch nicht nur der Kampf zwischen Israel, der PLO und den arabischen Staaten wurde kommentiert. Es begann auch eine Diskussion um die Berechtigung der Juden, sich als Volk zu sehen.

Für die deutschen Antizionisten ergebe sich »die grundlegende Frage, ob die Juden ein Volk sind«, schrieb die Autonome Gruppe Hamburg, und in *Rote Presse Korrespondenz* war von »einem angeblichen Volk« zu lesen.

Dem deutschen Autor Martin Blumentritt ist es zu verdanken, eine der interessantesten Dokumentationen zu diesem Thema zusammengestellt zu haben. Hier finden sich Aussagen der linken Intelligenz und von Vertretern der Achtundzechziger Revolte, bei denen es einem kalt über den Rücken läuft.

Da wurde davon gesprochen, daß »die zionistischen Multimillionäre, die in aller Welt leben, sich zu privaten Konferenzen treffen, um Israels Aggression zu unterstützen«. Die Nahostgruppe Freiburg entdeckte die »ideologische Verwandtschaft zwischen dem Antisemitismus des NS-Faschismus und dem Zionismus«. Die Palästinenser wurden zu den »Juden der Juden« erklärt. Im De-Gründe-Kalender stand 1983: »Angesichts der zionistischen Greueltat verblassen die Nazigreuel.«

Kein Staat wurde von den Achtundsechziger-Ideologen so oft mit dem Faschismus verglichen wie Israel. Der Konflikt mit Israel wurde zum antifaschistischen Kampf erhoben. Der Terror des NS-Staates war kein Thema mehr, und verschiedene antikapitalistische Theoretiker versuchten sogar eine Mitschuld der Juden an ihrer eigenen Vernichtung zu entdecken.

Auschwitz war das Mittel, um »den Schein der ideologischen Motivation aufrechtzuerhalten, daß die Politik des Faschismus nicht allein wirtschaftlichen Zwecken dient«. In der antiimperialistischen, antikapitalistischen antifaschistischen Strategie der Linken fand Auschwitz seinen Platz als »Ökonomie der Endlösung«.

Karam Khella, der Chefideologe des »Antiimperialistischen Lagers« beantwortete die rhetorische Frage »Ist Israel ein faschistischer Staat?« mit einer einfachen altmarxistischen Theorie, die ihm einen Ehrenplatz in jeder Neonazivereinigung sichern würde.

Erstens, so sagte er, finde sich der Faschismus in jedem kapitalistischen Staat, und zweitens vor allem in Israel und sicher nicht im Irak. Der zionistische Faschismus, erklärt er, besitze einen besonders perfiden Charakter. Versuche er doch die Weltöffentlichkeit über seinen wahren Charakter zu täuschen, indem er Wahlen, Gewerkschaften und gar eine kommunistische Partei zulasse.

In einem fast neurotischem Drang, sich vom angeblich rechten Philosemitismus abzugrenzen, wurden antisemitische Klischees übernommen und als Antizionismus getarnt.

Unbeantwortet bei diesem Verhalten blieb weiterhin die Frage nach der Schuld für Auschwitz. Die Achtundsechziger versuchten die Verantwortung durch einen zur Schau getragenen frechen Antizionismus abzuwehren. Wer keine Schuld zeigt, kann auch keine empfinden. Wie sehr sie sich mit diesem Verhalten ihren Feinden von rechts näherten, war ihnen entweder nicht bewußt oder nicht wichtig.

Wenn die Altachtundsechziger heute in Erinnerungen schwelgen und von der beginnenden Demokratisierung der Gesellschaft schwärmen, die sie ausgelöst hätten, sollten sie vielleicht einmal ihre längst vergessenen Reden und Pamphlete zum Thema Israel, Antisemitismus und Antizionismus lesen. Es ist gar nicht so einfach, daß einem dabei nicht schlecht wird.

Die Sehnsucht nach Sicherheit

Natürlich ist es eine wichtige und auch berechtigte Sehnsucht der Juden, nach dem Holocaust endlich in Frieden leben zu können. Doch wer garantiert diese Sicherheit? Wer schützt sie vor weiteren Morden? Wer garantiert ein politisches System, das eine Wiederholung der Geschichte verhindert?

Die vielen jüdischen Organisationen verstehen ihren Kampf gegen Faschismus, Nazismus, Antisemitismus und rechtsextremen Terror als einen Teil der Bemühungen, eine Wiederholung von Auschwitz zu verhindern. In Tausenden Publikationen, auf Kongressen und Symposien wird die Öffentlichkeit regelmäßig über antijüdische Aktivitäten informiert. Jede Aussage eines Politikers wird genau überprüft, wie er sich zu den Themen Judentum, Rassismus, Holocaust und Zweiter Weltkrieg im allgemeinen äußert.

Die jüdischen Organisationen und Religionsgemeinschaften sehen ihre Funktion als weit über die Betreuung der Mitglieder hinausgehend. Ihre Verantwortung als Nachkommen der Holocaust-Opfer berechtigt sie, das Problem des Schutzes sehr weitläufig zu verstehen. Dabei wurde das Sicherheitsgefühl mehr als Weg und nicht nur als Ziel definiert.

Letzten Endes sind es die demokratischen Verhältnisse in einem Land, die den Juden und anderen Minderheiten ein Leben in Sicherheit garantieren. Deshalb ist nicht die Denunziation des Antisemiten die Garantie für Sicherheit und Freiheit, sondern die Stabilisierung der demokratischen Verhältnisse.

Sicherlich ist beides nicht voneinander zu trennen. Das Aufspüren, Erkennen und Bekanntmachen von Neofaschisten, Antisemiten und anderen Feinden der Demokratie ist in der Tat eine wichtige Voraussetzung, um die Demokratie auch zu sichern.

Doch was sind die nächsten Schritte? Was tun, wenn der Feind gefunden wurde? Was macht man mit ihm? Ist es damit getan, laut zu schreien, wenn man einen Antisemiten sieht?

Ein Feind, der sich nicht verändert, bleibt ewig ein Feind. Das zynische Sprichwort »Nur ein toter Indianer ist ein guter Indianer« hat seinen Sinn immer dort, wo eine Veränderung des Verhaltens entweder nicht angestrebt wird oder nicht erreicht werden kann.

Die derzeitige Methode der reinen Denunziation durch jüdische Organisationen führt eher zur Destabilisierung von Demokratien als zu mehr Sicherheit. Was nützt die Diagnose ohne Therapie?

Wenn E. Wiesel im österreichischen Fernsehen die Wähler der FPÖ als Menschen kritisiert, die einem Prediger des Hasses nachlaufen, wird er sicherlich nicht erreichen, daß diese ihre Meinung ändern und eine andere Partei wählen. Warum sagt er es dann? Vielleicht um allen zu zeigen, wen er selbst haßt und verachtet?

Die Verurteilung von Menschen hatte noch nie einen belehrenden Effekt. Die Trennlinie zwischen einem kriminellen, rassistischen Verhalten und dem Programm einer Partei, die einem nicht sympathisch ist, jedoch durchaus innerhalb der demokratischen Bandbreite arbeitet, muß sehr vorsichtig gezogen werden.

Zu leichtfertig wurden in der Vergangenheit Meinungen und politische Aussagen in die Nähe des Holocaust gedrängt und damit kriminalisiert. Funktionäre jüdischer Organisationen sollten mit diesen Vergleichen äußerst vorsichtig umgehen. Sie benutzen nicht historische Argumente aus dem Geschichtsbuch wie zum Beispiel die Antifaschisten, sondern das Schicksal der eigenen Vorfahren. Diese haben es nicht verdient, zur Grundlage eines polemischen Konzepts degradiert zu werden. Ihr Tod in den Gaskammern war zu grausam, als daß er heute ein Mittel zum Zweck für politische Scheingefechte werden sollte.

Wachsamkeit ist die eine Sache. Beleidigungen, vorschnelle Verurteilungen und Denunziation eine andere.

Der Vorwurf Faschist, Nazi und Rassist ist seit dem Holocaust immer verbunden mit dem Tolerieren der letzten Konsequenz, dem Mord an den Opfern. Daß die Kinder und Enkel der Täter das Bedürfnis haben, durch diese Form der Schuldzuweisung sich freizusprechen, ist verständlich, wenn auch nicht entschuldbar. Warum die Nachkommen der Opfer ihnen dabei noch behilflich sind, ist allerdings rätselhaft.

Falls Juden im Kampf für ein sicheres Leben in einer stabilen Demokratie Partner suchen, dann hoffentlich nicht jene, die den ewigen Juden als Opfer der jeweils anderen sehen und ihre eigene antisemitische Verantwortung durch eine Schuldzuweisung beim politischen Gegner abstreifen.

Schuld ohne Scham –
oder Scham ohne Schuld?

Vor zehn Jahren schrieb ich das Buch »Schuldig geboren«. Es ist eine Sammlung von Interviews mit Kindern aus Nazifamilien, die erst nach dem Krieg geboren wurden. Frauen und Männern, die Krieg, Nationalsozialismus und Holocaust nie erlebt hatten, jedoch ein Leben lang durch die Geschichte ihrer Eltern nie davon loskamen. Fast alle in dem Buch litten unter der Vorstellung, daß Vater und Mutter an den nationalsozialistischen Verbrechen, von denen sie durch die Schule und nicht durch die Eltern erfahren hatten, beteiligt gewesen sein könnten. Das Schweigen der Täter wurde zu einem Problem für ihre Kinder, die tagtäglich damit konfrontiert waren, daß die Generation der Eltern ein Kollektiv von Verbrechern oder zumindest Mitläufern war.

Aus diesem Widerspruch, einerseits Vater und Mutter in der Familie als versorgende und die Kinder liebende Eltern zu erleben, und doch andererseits in ihnen die Vertreter jener Mörder zu sehen, die alles, was man in Filmen, Büchern, Dokumentationen sah, mitzuverantworten hatten, entwickelte sich eine besonders neurotische Schuldverarbeitung, die sich heute bis in die dritte Nachkriegsgeneration fortsetzt.

Die Kinder der Nazis, die heute selbst schon Großeltern sein könnten, warfen den Tätern immer wieder vor, sich nie schuldig gefühlt und sich nie geschämt zu haben. Sie kritisierten sie, die folgenden Generationen nie genau informiert zu haben, was damals wirklich geschah, ob sie selbst an den Verbrechen beteiligt oder am Ende sogar für die Morde verantwortlich waren.

Das Schweigen der Kriegsgeneration wurde von der lautstarken Aufarbeitung des Nationalsozialismus außerhalb der Familien überlagert. Die nach dem Krieg Geborenen hörten, sahen und lasen alle Einzelheiten des Krieges und des Holocaust vom ersten Schultag an, bis sie die Schule verließen. Doch das genügte ihnen nicht.

Die Schuld für die Verbrechen war niemand bereit auf sich zu nehmen. Wer sollte sich also dafür schämen?

Im Gegensatz zu den großen Helden der Weltliteratur wie Raskolnikow bei Dostojewski oder Jean Valjean bei Victor Hugo, die ein Leben lang von ihrer eigenen Schuld verfolgt wurden, lebte die Kriegsgeneration nach dem Holocaust ein ganz normales Leben. Sie beteiligte sich am Aufbau des zerstörten Europas, und mit ihrer Hilfe stabilisierten sich die Demokratien in Westeuropa.

Das ging alles gut bis Mitte der sechziger Jahre, bis die Neue Linke den Antifaschismus entdeckte, um ihre Probleme mit den eigenen Eltern aufzuarbeiten. Die Schuldlosigkeit der Eltern wurde zu einer unerträglichen Belastung für die Nachkriegsgeborenen, die bei all den Vorwürfen, die ihnen ständig eingehämmert wurden, keinen Ausweg fanden, diese auch wieder loszuwerden. Außer sich selbst und der Umgebung zu beweisen, daß sie mit der Tätergeneration rein gar nichts zu tun hatten.

Es ergaben sich zwei Möglichkeiten, diesen Beweis zu erbringen: Erstens gegen die alten Nazis zu kämpfen. Und zweitens gegen die neuen Nazis zu kämpfen. Der Ersatzkrieg für die Eltern und Großeltern sollte die Nachkommen der Täter befreien.

Die Verurteilung der schamlos Schuldigen entsprach auch den Inhalten der Nachkriegsliteratur, die nachzuweisen versuchte, daß dieses Phänomen vor allem typisch für Deutsche und auch Österreicher sei. In einer Haßorgie stürzten sich vornehmlich österreichische Literaten auf die »Normalbürger« in der eigenen Heimat. In Interviews beschimpften sie die eigene Heimat als faschistoid und reaktionär. Exkommunisten wie Elfriede Jelinek sahen sich ausgerechnet von jener Bevölkerungsschicht besonders bedroht, die als Proletariat gemäß der vertretenen Ideologie einmal die Macht im Staate übernehmen sollten.

Eines der Erklärungsmodelle für die Barbarei der Eltern war die Behauptung, daß das Entmenschlichen der Opfer eine der Voraussetzungen für die spätere kaltblütige Vernichtung war. Man entkleide vorerst den Menschen seiner Würde. Die Ermordung schafft dann keine moralischen Probleme bei den Tätern mehr.

Nicht unähnlich argumentieren die Antifaschisten heute. Die Kaltstellung des Auserwählten als Nazi und Sympathisant der Massenmörder von damals nimmt diesem jede Menschlichkeit und jede Vertrautheit. Für jeden Kriminellen hat der Antifaschist mehr Verständnis als für den Neonazi. Sein Haß auf den Rassisten, Faschisten und Nazi ist nur noch mit dem Haß seiner Eltern und Großeltern gegen die Juden vergleichbar.

Die österreichischen Schriftsteller Peter Turrini und Gerhard Roth sehen sich verfolgt von einer faschistischen Horde in Österreich. Glaubt man ihren Worten, so leben sie in ständiger Panik vor den Nazis und verbringen kaum eine ruhige Nacht mehr.

Das von vielen Intellektuellen verteidigte linksideologische Verständnis eines humanen Strafvollzuges beinhaltet die Reduzierung der Gefängnisstrafen und die

Wiedereingliederung des Verbrechers. Dieselben Sprecher fordern für Vergehen gegen die Wiederbetätigung und neonazistische Verbrechen immer härtere Strafen. Jeder Freispruch und jede vorzeitige Entlassung wird hier mit Empörung kommentiert.

Haltet den Täter

Einige wenige – jedoch sehr lautstarke – Nachkommen der Täter versuchten den übertragenen väterlichen Schuldkomplex in eine Aggressivität gegen potentielle alte und neue Täter umzusetzen. Während das Schuldbewußtsein als die Differenz des Kulturanspruchs von Über-Ich und Ich die Antifa-Generation nicht weiter beschäftigte, quälte sie das Schuldgefühl als ein Unbehagen, das sich infolge der vom Kulturanspruch geforderten Triebunterdrückung einstellt und anhält, solange dieser Anspruch in Geltung ist. Die antifaschistische Generation vor allem in Deutschland kämpfte somit von Beginn an einen hoffnungslosen Ersatzkrieg, den ihre eigenen Vorfahren bewußt versäumt hatten.

Eines der typischen Beispiele für dieses Verhalten ist die sogenannte »Wehrmachtsausstellung«, in der versucht wurde, aus den Dokumenten über die Verbrechen der Wehrmacht eine Kollektivschuldtheorie zu entwickeln, die die Verantwortung des einzelnen ignoriert.

Die Wehrmachtsausstellung dokumentiert – kurz gesprochen – die Verbrechen der deutschen Armee in Serbien, Weißrußland und der Ukraine. Anhand von Fotos und anderen Dokumenten beweist sie, daß Soldaten der Wehrmacht an den Morden an der Zivilbevölkerung beteiligt waren.

Doch was soll sie sonst noch beweisen? Daß die Wehr-

132

macht in ihrer Gesamtheit eine verbrecherische Organisation war? Daß Soldaten der Wehrmacht an allen Fronten Verbrechen verübt haben? Daß jeder Soldat mitschuldig an den Verbrechen war? Was will sie den Besuchern mitteilen, die zum großen Teil schon die dritte Nachkriegsgeneration vertreten?

Die Ausstellung wurde von Vertretern der sogenannten zweiten Generation organisiert und gestaltet. Hier schufen Fünfunddreißig- bis Fünfzigjährige eine Dokumentation über ihre Väter und Großväter für ihre eigenen Kinder. Es kann nicht einfach sein, mit dieser familiären Belastung zu leben, wenn man sich nicht – und hier liegt der eigentliche Erfolg der Ausstellung für ihre Veranstalter – die Möglichkeit schafft, seine eigenen Vorfahren in die Normalität der Zeit einzuordnen.

Das Kollektiv schützt immer den einzelnen. Selbst wenn es um Verbrechen geht. In der kollektiven Erfassung einer schuldhaften Wehrmacht deckt und entschuldigt man jene, die in der Tat persönlich an Verbrechen teilnahmen oder sie zu verantworten hatten. Man entschuldigt somit auch den Vater. Dieser ist zwar als Mitglied einer »verbrecherischen Organisation« nicht unschuldig, trägt jedoch auch nicht selbst Schuld und wird damit indirekt freigesprochen. Wie erlösend für die nächste Generation.

Konnte sich nicht der KZ-Wächter an die Front melden? Was ist mit jenen Soldaten geschehen, die sich weigerten, an Erschießungen teilzunehmen? Bestand die Möglichkeit, sich zu weigern?

Die Ausstellung gibt keine Antwort, was auch nicht zu erwarten ist. Denn sie würde den einzelnen Vater für seine Taten wieder verantwortlich machen. Die fast schon hysterische Sehnsucht der Täterkinder, die Generation der Kriegsteilnehmer in ihrer Gesamtheit – von

SS bis Wehrmacht, von der Polizei bis zur Reichsbahn – schuldig zu sprechen, ist der eigentlich geniale Trick eines Teiles der Nachkriegsgeneration, mit der Schuld ihrer Väter zu leben. Die persönliche Schuld und Verantwortung des eigenen Vaters oder Großvaters zu erkennen, hatte der Großteil dieser Generation ohnehin nie vor.

»Können innerhalb einer Generation aus Wölfen Schafen werden«, fragte Anna, die Tochter eines verurteilten KZ-Wächters in meinem Buch »Schuldig geboren«.

Können aus »verbrecherischen« Wehrmachtsoldaten anständige Historiker werden?

Die Ausnahmen haben sie nie interessiert, diese zweite Generation. Sie verzichteten darauf, sich auf jene zu stützen, die moralisch richtig gehandelt hatten. Positive Vorbilder zählten nicht. Sie hätten das Bild der kollektiven Schuld zerstört und den Vater oder Großvater als Individuum verantwortlich gemacht. Nicht in Berlin oder Wien gibt es die »Straße der Gerechten«, wo jene geehrt werden, die den Verfolgten geholfen hatten. Sie ist in Israel. Keine Ausstellung gibt es über jene, die ihr Leben verloren oder riskierten, weil sie einen Befehl nicht befolgten, oder Flüchtlingen halfen.

Wie zum Beispiel jener Soldat, der meinem Vater und seinen drei Freunden aus Wien das Leben rettete, als sie 1939 bei Nacht und Nebel von Deutschland nach Belgien flüchteten. Auch Ignatz Bubis erwähnt in seiner von mir verfaßten Biographie eine Situation, in der Soldaten über die Köpfe schossen, als er in einer ganzen Gruppe aus dem Ghetto lief und sich so vor der todbringenden Deportation rettete.

Einzelfälle? Vielleicht. Aber sind sie nicht wichtig für die Nachkriegsgeneration? Vielleicht sogar wichtiger als die Erfassung der Väter als ein Kollektiv von Verbrechern? Oder zerstörten sie das vereinfachte Bild der Unmöglichkeit der Unschuld des einzelnen?

Bilder von ermordeten Zivilisten erschüttern nur noch wenige. Zu oft und zu zahlreich wurden sie gezeigt. Weder der Stolz noch die Schande der Nachkriegsgeneration interessierten. Am wenigstens ihre Lügen.

Da steht man nun in dieser Ausstellung zwischen den Söhnen und Töchtern jener Generation, die mit der klischeehaften Phantasie über ihre Väter aufeinander losgeht. Schuldig für die einen, unschuldig für die anderen. Aus beiden spricht die gleiche Angst: Was hätte ich damals getan? Bin ich wirklich anders?

Der moderne Antifaschismus ist unabhängig vom Generationskonflikt schwer zu definieren. Der Krieg, den die Antifaschisten anstelle ihrer Vorfahren kämpfen, ist zwar psychologisch zu verstehen, jedoch eine politische Katastrophe für die demokratische Entwicklung. Er ist daher auch als intellektuelles Konzept gescheitert, weil er seine Motive nicht aus der gesellschaftlichen Notwendigkeit ableitet, sondern von persönlichen Bedürfnissen, die auf die Gesellschaft übertragen werden.

Scham ohne Schuld

Nach der Schuld ohne Scham der Kriegsgeneration spielten deren Nachkommen die Schamvollen ohne Schuld. Wer sich die Mühe macht, im Internet nach antifaschistischen Gruppen zu suchen, wird erstaunt sein über die Fülle von Organisationen, die sich unter dieser Bezeichnung anbieten.

Da gibt es den »Antifa Frauen Notruf« in zahlreichen deutschen Städten, Antifa-Zeitungen, Antifa-Cafés, Antifa-Referate an den Universitäten, ein »Offenes Antifaschistisches Plenum«, »unabhängige« Antifa-Gruppen, Antifa-Jugendgruppen, Antifaschistische Aktionen, Antifaschistische Pressearchive, Bund der Antifaschisten, Antifa Infoladen, Autonome Antifa, Antifa-Kontaktstellen und viele mehr.

Ein Teil der Antifa-Organisationen ist in verschiedenen Dachverbänden zusammengeschlossen wie dem »Koordinierungskreis antifaschistischer Gruppen (Antifa KOK)«, der Demonstrationen organisiert und auch per Vereinssprecher an die Öffentlichkeit tritt.

Die Breite der Antifa-Gruppen läßt kaum eine Organisation aus, die sich nicht in irgendeiner Form verfolgt fühlt. Da tauchen Gruppen gegen den Sexismus auf, feministische Organisationen, jüdische Gruppen, antirassistische, kommunistische, antiimperialistische, anarchistische, marxistische und Antikernkraft-Gruppen, Bewegungen für die Befreiung der Kurden, der Palästinenser und Gruppen gegen die Abschiebung von Ausländern.

Eine absurde Fülle von Organisationen definiert sich als antifaschistische Kampfeinheiten, und das feindliche Nazibild reicht vom sexistischen Macho am Schreibtisch im Büro bis zum türkischen Soldaten, der gegen die Kurden vorgeht. Diese Vielfalt bietet nahezu jedem die Möglichkeit, seinen Kampf als antifaschistisch zu bezeichnen.

Wer allerdings die jährlich erscheinenden Verfassungsschutzberichte der Länder liest, wird sehr bald erkennen, daß sich unter dem Deckmantel des Antifaschismus so manche kriminelle Vereinigung verbirgt.

Eine Minderheit unter den Antifaschisten nimmt den Auftrag des Widerstandes gegen den Faschismus so ernst, daß sie bereit ist, mit Gewalt den Feind zu bekämpfen. Die meist vermummt und in schwarzer Kleidung – ganz nach Vorbild der zu bekämpfenden Nazis –

auftretenden Jugendlichen sehen sich als die eigentliche Kampftruppe der Antifaschisten, die auf den verbalen Streit verzichtet und die direkte Konfrontation mit rechtsextremen Gruppen sucht. Die so entstehenden Schlägereien haben so manchen Jugendlichen aus der rechten oder linken Szene schwer verletzt und einige sogar das Leben gekostet.

Ich gehöre nicht zu jenen Kritikern des Antifaschismus, die diese Erscheinungen dazu benutzen, um die gesamte Antifa-Bewegung zu kriminalisieren. So wie ich auch in den rechten Gruppierungen nicht lauter gefährliche Nazis sehe, die den Staat gefährden. Nicht jede linke Gruppe ist mit der RAF identisch, und nicht jeder Rechte ist ein Neonazi, der Brandbomben wirft.

Der kriminelle Randbereich ist eine Angelegenheit der Polizei. Der Politiker sollte mit Verurteilungen vorsichtig umgehen und nicht die Gesetzesverletzung des politischen Gegners mit seinen Drohungen vorwegnehmen. Der Hilfeschrei nach der Staatsgewalt spricht nicht unbedingt für die demokratische Überzeugung. Jene, die stolz darauf sind, wie viele angebliche Neonazis sie jedes Jahr anzeigen, verhalten sich wie ein Hausherr, der bei jedem Windstoß die Polizei ruft, weil er einen Einbrecher vermutet.

Das Law-and-Order-Denken so mancher Antifaschisten unterscheidet sie wenig von den so verachteten Kleinbürgern, die immer jenem Abgeordneten ihre Stimme geben, der strengere Strafen und mehr Polizei fordert. Der Antifaschist, der die Lösung eines gesellschaftlichen Problems an die Polizei und die Gerichte delegiert, befindet sich mit seiner Geisteshaltung auf dem Niveau eines Anhängers des Polizeistaates. Wenn alle Neonazis hinter Gittern sitzen, kann der Antifa-Spießer wieder beruhigt am Abend in seine Kneipe gehen. Der nächste Schritt wäre die Forderung nach Arbeitslagern für jugendliche Neonazis. Wie sehr sind sie mit ihrer Angst jenen Kleinbürgern ähnlich, die sie als Bodensatz einer faschistoiden Mentalität bezeichnen.

Da zittern die Intellektuellen vor dem Alltagsfaschismus im Chor mit jenen, die jedem Intellektuellen mißtrauen. Zurück bleibt eine unreife Gesellschaft, die von ihrer Angst dominiert wird.

Auch wenn bestraft wird, darf keiner der Verurteilten je seine Überzeugung aufgeben. Der Nazi, der Rassist, der Faschist muß in seiner Existenz bestätigt werden. Wehe er versucht zu flüchten. Auf jede Behauptung, es gäbe keine Nazis mehr, oder Neonazis seien mit Altnazis nicht vergleichbar, vielleicht weniger gefährlich oder gar keine Faschisten, wird mit Empörung reagiert.

Als selbst Günter Grass behauptete, daß die Wahlerfolge der DVU in Ostdeutschland nichts mit Neofaschismus zu tun hätten, gab es einen Aufschrei der Antifaschisten, als hätte ihnen jemand ihre Brieftaschen gestohlen.

Nach der Verhaftung des Bombenattentäters in Österreich kamen Zweifel auf, ob der Täter tatsächlich aus dem Dunstkreis einer rechtsextremen Organisation kommt oder ein Einzeltäter mit einer verwirrten Psyche sein könnte. Die Antifaschisten gerieten in Panik.

Sie waren nicht froh über diesen Irrtum. Es hätte ja sein können, daß sie erleichtert aufatmen, daß es in Österreich keine extremistische Untergrundorganisation gibt, die Menschen wegen ihrer Herkunft oder ihrer Meinung in die Luft jagt.

Das Kollektiv der Antifaschisten – allen voran Journalisten und Schriftsteller, die Angst hatten, sich mit ihren Vorurteilen einfach blamiert zu haben – versucht Satz für Satz des verhafteten Attentäters zu zerlegen und wieder

aneinanderzureihen, um jene Fremdenfeindlichkeit zu
entdecken, die ihm Beweis war für die politische Zuordnung des Bombenlegers.

Dokumentationszentrum des österreichischen Widerstandes

Eine der tragischsten Figuren im deutschsprachigen
Kampf der Antifaschisten ist sicherlich der Leiter des Dokumentationszentrums des österreichischen Widerstandes, Dr. Wolfgang Neugebauer.

Wie schon der Name dieses Institutes sagt, sollte hier
der Widerstand gegen die Nationalsozialisten dokumentiert werden.

In seinen Statuten heißt es unter 2 Zi 2:

»Das Archiv soll vor allem durch dokumentarische
Beweise der zeitgeschichtlichen Erziehung der Jugend
dienen. Sie soll mit den schrecklichen Folgen des Verlu-
stes der Unabhängigkeit und der Freiheit Österreichs
und dem heldenhaften Kampf der Widerstandsbewe-
gung bekannt gemacht werden.«

Ein löblicher Vorsatz und auch sinnvoll, selbst wenn
der geringe Widerstand gegen den Nationalsozialismus
nicht unbedingt zu den ruhmhaften Erinnerungen an die
NS-Geschichte Österreichs zählt.

Seit der Gründung des Vereins dominieren dort Vertreter der Kommunistischen Partei Österreichs, und
dementsprechend sieht auch die Arbeit aus.

Widerstand wurde als ausschließlich politisch motiviert
definiert, und die Millionen, die aus Steuergeldern in das
Institut flossen, wurden jahrelang vor allem für die Erfor-
schung des kommunistischen Widerstandes eingesetzt.

Doch bald entdeckten die Leiter des Institutes, daß die

staatlichen Unterstützungen wesentlich leichter zu bekommen sind, wenn die Publikationen und Aktivitäten im Sinne der jeweiligen Regierung gegen die Opposition gerichtet sind. Das Institut wurde so in den letzten Jahrzehnten zum wichtigsten quasi »wissenschaftlichen« Zentrum gegen Neofaschismus, Neonazis und rechtsextreme Bewegungen.

In einer sagenhaften Regelmäßigkeit veröffentlicht das Institut Publikationen, deren einzige Botschaft die Zuordnung von auserwählten Österreichern zum rechtsextremen Rand der Gesellschaft ist.

In Österreich fehlt jede wissenschaftliche Aufarbeitung des jüdischen Widerstandes. Es existiert keine Dokumentation über jene Österreicher, die ihr Leben riskierten und Verfolgten des Naziregimes geholfen haben. Auch keine vollständige Erfassung der Österreicher in den alliierten Armeen. Ganze Kapitel des österreichischen Widerstandes blieben unbearbeitet.

Das Institut überschlägt sich jedoch mit Publikationen über die Rechtslastigkeit verschiedener Organisationen, Politiker und Privatpersonen.

Was treibt nun den Leiter des Institutes, Herrn Dr. Neugebauer, zu dieser Aktivität, die im krassen Widerspruch zu den Statuten des Institutes steht? Sein Vater war selbst ein ehemaliger SS-Offizier, und man kann sicher sein, daß in den Archiven des Dokumentationszentrums einige Akten über den SS-Obersturmführer Neugebauer zu finden sind.

Hier wiederholt sich eine neurotische Reaktion, wie sie für eine ganze Generation typisch ist. Der Nachgeborene wird mit seiner eigenen Familiengeschichte nicht fertig und versucht der Welt heute zu beweisen, daß er nicht nur anders als sein Vater handelt, sondern auch ein anderer ist.

Diese Beweisführung versucht noch einen Schritt weiter zu gehen: Sie sucht den historischen Kurzschluß mit der neurotischen Phantasie, daß der Sohn des Täters auch damals anders gehandelt hätte. Den Kindern und Enkeln der Täter geht es schon lange nicht mehr nur darum, zu beweisen, daß sie nicht mit ihren Vorfahren vergleichbar sind. Die Antifa-Generation sucht den Weg zurück in die eigene Geschichte. Bedürfnis dieser ewigen Kinder, die nie erwachsen geworden sind, ist, sich selbst einzureden, daß sie sich während der Zeit des Nationalsozialismus anders verhalten hätten.

Die Identifikation mit dem Opfer und die Selbstzuordnung auf die Seite der Widerständler ergibt einen extremen Abstand zur Vätergeneration, der nicht nur beruhigt, sondern zur Grundlage einer neuen Identität wird.

Doch wie schon der wurmige Apfel nicht weit vom angefaulten Baum zu finden ist, wird die Nähe zur grausamen familiären Vergangenheit dann problematisch, wenn sie unaufgearbeitet und hysterisch ausgeglichen wird.

In einem der letzten Bücher über Jörg Haider von W. Neugebauer wird auch meine Kandidatur für das Europaparlament analysiert. Es ist schon eigenartig, daß in dieser antifaschistischen Publikation meine politische Entscheidung mit rein antisemitischen Klischees kommentiert wird.

Immer wieder schreibt der Autor, daß das Judentum der ausschlaggebende Grund für meine Entscheidung gewesen sei. Ich sei hier »als Jude« benutzt worden. Ist es der Einfluß des Vaters, daß der Autor mir als Juden im Gegensatz zu den anderen Kandidaten der FPÖ keine eigenständige politische Überzeugung zugesteht?

Nicht meine politische Entscheidung zählt für den Autor des Buches, die entweder als richtig oder als falsch bewertet werden kann, nein, der »Jude« wurde benutzt. Solche Angriffe gegen mich konnte ich sonst nur in der *Nationalen Zeitung* entdecken.

Hier schließt sich der Kreis jener, die von links und rechts versuchen, die politische Diskussion in einer Demokratie auf eine pseudomoralische Ebene zu verlagern und damit den Gegner auszugrenzen.

Für den Sohn des SS-Mannes ist der Jude ein »benutzbarer« Kandidat, wie sich wahrscheinlich auch schon sein Vater entschieden hatte, dem es sicherlich völlig gleichgültig war, was seine Opfer dachten und taten.

Die neurotischen Schuldgefühle der Nachkriegsgeneration lassen eine demokratische Stabilität nicht zu, wenn die eigene Familiengeschichte zum alleinigen Motiv für ein politisches Handeln wird. Sicherlich sind wir alle beeinflußt von den Schicksalen in den eigenen Familien. Doch es ist die Entscheidung jedes einzelnen Erwachsenen, die pubertären Proteste gegen den Vater einmal zu beenden und sich aus dessen Schatten zu befreien.

Der Schuldkomplex der Nachkriegsgenerationen ist ein entscheidendes Hindernis in unserer demokratischen Entwicklung. Verbissen kämpfen sie um eine neue Identität und versuchen, die Vergangenheit durch eine möglichst große persönliche Distanz dazu abzustoßen. Doch sie erreichen genau das Gegenteil. Die Verkrampfung, mit der die Schuldlosen um ihre Unschuld kämpfen, macht sie weder beliebt in der Welt noch unverdächtig. Immer noch werden Sportmannschaften aus Deutschland mit dem Hitlergruß begrüßt, und die internationalen Vorurteile gegen Österreich und Deutschland erreichen manchmal absurde Dimensionen.

Zeitungen in der ganzen Welt schreiben mit einer krankhaften Begeisterung über neonazistische Ausschreitungen in Deutschland und Österreich. Heimatliche Antifaschisten führen sich auf, als hätten sie endlich entdeckt, was sie ohnehin immer prophezeit hatten. Der Beweis, daß es dieses faschistoide Potential im Lande gibt, verleiht ihnen die Sicherheit, die sie benötigen, um sich selbst als unschuldig und unbefleckt zu fühlen.

Antifafreie Zukunftsmodelle

Eine Zukunft ohne Antifaschismus kann es nur geben, wenn es keinen Faschismus mehr gibt – werden die Antifaschisten mit Recht sagen. Nach dem Prinzip Ursache und Wirkung sind sie nicht der Anlaß und verlieren erst ihre Funktion, wenn es keinen Grund für ihr Einschreiten mehr gibt.

Kann es eine Gesellschaft ohne Faschisten, Nazis, Rechts- und Linksextreme überhaupt geben? Wie kann sie erreicht werden? Ist das erklärte Ziel des Antifaschisten, daß in einer utopischen Gesellschaft kein Faschismus existiert? Sind diese Phantasien ebenso unrealistisch wie der utopische Kommunismus?

Der Antifaschismus definiert seine Aufgabe meist als Kampf gegen jede Form von Faschismus, Nationalsozialismus, politischen Extremismus und Rassismus. Die Forderung nach Demokratie kommt in den Publikationen der antifaschistischen Organisationen kaum vor. Der Antifa-Kampf ist eine Art Säuberungsaktion. Wenn eine Gesellschaft frei von Faschisten ist, dann entspricht sie den Vorstellungen der Antifaschisten. Das klingt vielleicht naiv, es existieren jedoch keine Visionen der Antifaschisten, wie die Menschheit ohne Faschismus leben soll. Sie gehen davon aus, daß das Paradies auf Erden dann erreicht ist, wenn der Faschismus überwunden ist.

Die Fixierung auf die Vergangenheit blockiert jede

Zukunftsidee. Die Theoretiker des modernen Antifaschismus haben wenig Neues anzubieten. Der Nationalsozialismus und der Holocaust dürfen sich nicht wiederholen! Wie recht sie doch haben, die Antifaschisten. Wer kann ihnen da widersprechen? Glaubt man ihren Worten, so ist eine Wiederholung allerdings jederzeit möglich. Deshalb müssen sie so wachsam sein!

Auch hier widersprechen sie sich. Wenn nur ihr Kampf eine Wiederholung der Geschichte verhindert, wo bleibt dann die Einmaligkeit des Holocaust, wenn die Gefahr hierfür so groß ist?

Seit Jahren versuchen einige Historiker die sechs Millionen ermordeter Juden in den Gaskammern der Nazis mit anderen Verbrechen zu vergleichen. Ist das Aushungern der Ukraine zwischen 1928 und 1933 durch Stalin mit etwa acht Millionen Toten ein geringeres Verbrechen? Dazu noch drei Millionen Menschen, die hingerichtet, und zwischen fünf und neun Millionen, die verschleppt wurden?

Oder ist die Ermordung von etwa fünfzig Prozent der Bevölkerung von Kambodscha ein geringeres Verbrechen als der Holocaust?

Verbrechen gegen die Menschlichkeit, die an verschiedenen Orten, zu verschiedenen Zeiten und unter verschiedenen Bedingungen verübt wurden, können nie miteinander verglichen werden. Vergleichbar sind jedoch Struktur und Geschichte der unterschiedlichen totalitären Systeme. Autoritäre Systeme wie Nationalsozialismus, Faschismus und Kommunismus hatten immer eine Massenbewegung hinter sich, die eine enorme Anziehungskraft auf die unterschiedlichsten Bildungsschichten ausübte. Die Verbrechen wurden nicht von den »einfachen Menschen« verübt, während die Intelligenz abwartete, bis der Spuk vorbei war.

Eine Ähnlichkeit der Verbrechen in Deutschland, der Sowjetunion und Kambodscha ist nur in den Massenbewegungen zu finden, die hinter den Verbrechen standen. Millionen von Menschen zu verschleppen und zu ermorden, das bedarf einer straffen Organisation und einer entsprechenden Mitarbeit durch einen großen Teil der Bevölkerung. Verantwortung und Planung können vielleicht einigen wenigen zugeschoben werden. Die Durchführung ist nur möglich, wenn eine Bevölkerung mehrheitlich hinter den Machthabern steht, die diese Verbrechen planen.

Wenn die Menschen heute in Zeiten der Demokratie einen Vergleich der verschiedenen Diktaturen und ihrer Verbrechen scheuen, dann entspricht dies mehr ihren eigenen psychischen Problemen bei der Verarbeitung der Verbrechen als den tatsächlichen Unterschieden.

Es sind die Massenbewegungen, die irritieren. Verbrechen von einzelnen oder von Gruppen ist der Mensch gewohnt, zu verstehen und zu verarbeiten. Das Kollektiv ist nicht so einfach als Verbrecher erfaßbar.

Warum erschüttert der Tod von Kindern in den Gaskammern der Nationalsozialisten die Menschen in Westeuropa und den USA mehr als die verhungerten Kinder in der Ukraine? Die Anzahl der Opfer war in beiden Fällen annähernd gleich groß. Liegt der Grund bei dem Grauen über den Tod in den Gaskammern oder bei der Gleichgültigkeit gegenüber dem Hungertod in der Ukraine?

Die unterschiedliche Empfindlichkeit ist eine Tatsache, und dementsprechend unterschiedlich werden die Verbrechen auch verwaltet. Das Tabu des Nationalsozialismus ist unverletzbar und bildet eine Schmerzzone, die als Minenfeld den Antifaschisten eine endlose Möglichkeit für ihren Kampf bietet. Wer immer sich dieser Zone nähert oder in dieses Umfeld gedrängt wird, hat jede Be-

rechtigung verloren, in den demokratischen Dialog aufgenommen zu werden.

Über die Verbrechen Stalins kann diskutiert werden,
über die von Hitler nicht. Der Massenmord der russischen und chinesischen Kommunisten hat nicht annähernd jenen Tabueffekt wie die Morde der Nationalsozialisten. Wer Stalins Morde in Frage stellt, macht sich
nicht strafbar. Der Zweifel an den Gaskammern kann in
einer Gefängnisstrafe enden.

Diese zum Teil absurden und nicht nachvollziehbaren
emotionalen Unterschiede in der Bewertung von Verbrechen gegen die Menschlichkeit bestimmen den politischen Dialog bis heute.

Moralisch-ethische Divergenzen

Der verkrampfte Umgang mit der europäischen Vergangenheit findet eine unmittelbare Umsetzung in der Tages-
politik. Die Kultur der politischen Auseinandersetzung
wird überlagert von einer moralisch-ethischen Divergenz,
die ihre Argumente aus dem Geschichtsbuch holt.

Nie zuvor hat es eine historische Epoche gegeben, in
der das Verhalten eines Politikers oder das Programm
einer politischen Gruppierung ständig in einen historischen Vergleich gezwängt und danach auch bewertet wird.

Die politischen Auseinandersetzungen springen dabei
von einer Ebene zur anderen. Auf der tagespolitischen
Ebene wird ein politisches Programm nach den Erfolgs-
aussichten beurteilt, die aktuellen Probleme lösen zu
können. Auf der historischen Ebene kommt es zu Vorverurteilungen und pauschalen Verdammungen.

In diesem moralisch-ethischen Konflikt richten sich
die Argumente nach der aktuellen Bewertung der Ver-

gangenheit. Es ist schon erstaunlich, wie sich zum Beispiel das Image des Antikommunismus geändert hat. Selbst in den modernen Publikationen der Antifaschisten wird der Kampf gegen den Kommunismus als ein typisch rechtes und rechtsextremes Verhalten beschrieben. Nach dem Bekanntwerden der Verbrechen der Kommunisten müßten selbst Antifaschisten zugeben, daß diese Antihaltung eine demokratiepolitisch wichtige Strategie war.

Da es eine aktuelle kommunistische und faschistische Bedrohung in Europa derzeit nicht gibt, so ist der moralische Anspruch an eine politische Bewegung das entscheidende Motiv für eine antifaschistische und antikommunistische Kritik. Wie kommunistisch die PDS und wie faschistoid die DVU ist, entscheiden ihre Gegner und nicht die Parteien selbst. Es ist scheinbar lange her, daß eine politische Partei sich selbst definierte.

Die Erwartungshaltung der Antifaschisten gegenüber dem politischen Gegner orientiert sich nicht an der Aktualität eines Argumentes, sondern an der moralischen Zuordnung in ihren eigenen, nach psychischen Kriterien errichteten Geschichtsarchiven.

Woher kommt dieser Anspruch, und wie kann man ihm begegnen? Bedeutet Toleranz auf diesem Gebiet eine moralische Bescheidenheit, die den Antifaschisten nicht zumutbar ist? Verlangt der Antifaschist zuviel, oder verlangt er zuwenig? Richtet sich sein politischer Anspruch nach den Bedingungen der aktuellen faschistoiden Gefahr oder nach dem Mangel an moralischen Ansprüchen in der Vergangenheit?

Politische Auseinandersetzungen mit moralischen Argumenten gibt es bei vielen Themen. Der Streit über die Abtreibung kostet jedes Jahr einige Menschen das Leben, weil Fanatiker Kliniken in die Luft jagen, die Abtreibungen vornehmen, und Ärzte ermorden, die dort arbeiten. Das Thema Sekten und Religionsfreiheit trieb deutsche Regierungsmitglieder auf die Straße, die mit Transparenten gegen neue Kirchen demonstrieren. Über die Todesstrafe wird weltweit heftigst diskutiert.

Wäre der demokratische Grundsatz des Mehrheitsbeschlusses bei jeder Frage eine legale Basis, dann müßte die Mehrheit eine moralische Legitimation für eine Entscheidung sein.

Die Antifaschisten argumentieren jedoch genau umgekehrt. Für sie ist die Mehrheit der Bevölkerung nicht fähig, eine eindeutige moralische Entscheidung zu treffen. Also muß für sie gedacht und gehandelt werden. In vielen Fällen fühlen sie sich dazu auserwählt, eine »moralische« Minderheit vor der Unmoral der Mehrheit zu beschützen. Ihre Funktion in der Demokratie ist daher der Schutz der Minderheiten vor demokratischen Entscheidungen, die sich auf eine »unreife« Mehrheit stützen.

Der Antifaschismus bezieht seine politische Berechtigung aus dieser moralischen Rechtfertigung. Er bietet sich damit auf der Ebene der Politik und der Moral als Retter der zivilisierten Gesellschaft an. Die Säuberung der Bevölkerung von aller faschistischen Unmoral ist dabei eine Grundlage für den demokratischen Prozeß und die Voraussetzung für den demokratischen Konflikt. Bis dahin hat er das Recht und die Pflicht, einzugreifen.

Der Antifaschist handelt damit ähnlich wie der religiöser Fundamentalist. Erst die vollständige Beseitigung oder Bekehrung der »Ungläubigen« ermöglicht den gerechten Staat auf Erden. Die Säuberung der Gesellschaft wird zu einem »hygienischen« Problem erklärt.

Nun hat der Antifaschist nicht ganz unrecht mit seiner Kritik an der fundamentalistischen Demokratie. Dies kann zu Lösungsmodellen führen, die für eine Minderheit extrem undemokratisch sind. Wenn die Regierung des US-Bundesstaates Arkansas argumentiert, daß sie keine pränatale Medizin aufbauen kann und keine Einrichtungen für Organtransplantationen, wenn nicht die Steuern erhöht werden, und die Bevölkerung verweigert dies, dann ist das zwar eine demokratisch abgestützte Entscheidung, aber trotzdem falsch, wenn man unter Demokratie auch den Schutz der Armen und Bedürftigen versteht.

Die Interessengruppen, die sich in einer Demokratie der Minderheiten annehmen, übernehmen eine wichtige Kontrollfunktion. Sie sind die Opposition gegen die Mehrheit in der Demokratie und fühlen sich verpflichtet, jenen zu helfen, die ansonsten übergangen werden.

Antifaschisten versuchen jedoch nicht, anderen zu helfen, sondern geben vor, sich selbst schützen zu müssen. Sie definieren sich als verfolgte moralische Minderheit, die zur Notwehr gegen die Mehrheit berechtigt ist. Da ihnen der Faschismus als institutionelle aktuelle Bedrohung fehlt, müssen sie Ersatzopfer finden, um ihrem Kampf einen Sinn zu geben. Am liebsten sind sie selbst die Opfer.

In dem vor kurzem in Berlin erschienenen Buch »Delikt: Antifaschismus«, Herausgeber Wolfgang Purtscheller, wird auf hundertneunzig Seiten durchgejammert, wie faschistoid die Gesellschaft heute und wie gefährlich das Leben der Antifaschisten sei. Die verschiedenen Autoren wetteifern mit den Warnungen, daß der Alltagsfaschismus in Österreich einem überzeugten Antifaschisten keine Bewegungsfreiheit gebe und eine echte Bedrohung darstelle. Peter Turrini, einer der meistgespielten österreichischen Schriftsteller, spricht gerne in Interviews von der faschistischen Gefahr, der er ständig ausgesetzt ist in Österreich.

150

Man muß sich das einmal bildlich vorstellen. Da sitzt der wohlhabende Schriftsteller, mit den Jahren rund und dick geworden, in seinem Lehnstuhl im Wochenendhaus im Weinviertel nördlich von Wien und gibt den Medien regelmäßige Interviews, wie er Tag und Nacht vor den Faschisten zittert.

Schämen sich all diese angeblich Verfolgten nicht, sich mit jenen Zehntausenden Opfern zu vergleichen, die in den Todeslagern und den Gefängnissen der Nationalsozialisten gefoltert und ermordet wurden? Fällt ihnen der Widerspruch nicht auf, mit der Freiheit der modernen Demokratie eine faschistoide Verschwörung anzukündigen, die ihnen angeblich keine Freiräume läßt?

Wie verzweifelt und gelangweilt muß ein Antifa-Wohlstandsbürger sein, wenn er sogar das Schicksal der ermordeten Roma und Sinti in Österreich benutzt, um sich als potentielles Opfer darzustellen? Ist es dieser Nervenkitzel, gegen die Phantasiefaschisten jenen Kampf erfolgreich zu Ende zu führen, den die marxistischen Vorgänger versäumt haben?

Antifaschisten argumentieren gerne, daß die unbegründete unterschwellige Angst des faschistoiden Kleinbürgers vor Fremden, Intellektuellen, Künstlern, Schwulen, Frauen, Lesben, Behinderten und vielen anderen der eigentliche Grund für dessen nazistisches Verhalten sei. Wie sehr sich doch die beiden gleichen! Wie doch die absurde Angst der einen der ihrer Gegner gleicht!

Antimoralische Lösungsmodelle

Jeder Kompromiß ist für den Moralisten eine amoralische Entscheidung. Er stellt sich damit bewußt gegen den demokratischen Prozeß, der immer einen Kompromiß anstrebt. Er verhindert den Dialog mit der als amoralisch erklärten Gesellschaft mit dem Argument, daß es eine Grenze für ihn gebe, über die er nicht hinwegkönne.

In diesem antidemokratischen Prozeß übernimmt der Antifaschist die Rolle des Moralisten. Er entscheidet von sich aus, mit wem verhandelt und mit wem zusammengearbeitet werden darf und wer vom Komitee der Moralisten als gesellschaftsfähig erklärt wird.

Doch wer gibt ihm das Recht dazu? Wer delegiert ihn, im Auftrag der Demokratie als Vertreter der Moralisten, in diese Entscheidung einzugreifen?

In der Diskussion um die rechtsradikalen Parteien in Europa teilen Vertreter von anderen Parteien die »Rechten« in solche, mit denen man zusammenarbeiten kann, und andere, mit denen man nicht kann. Die Beurteilung ist dabei absolut willkürlich. Niemand der politischen Moralisten ist imstand, eine klare Definition der Grenze zu geben, die für ihn maßgebend ist. Entscheidend sind bei der Beurteilung der Gesellschaftsfähigkeit wie immer die sogenannte Ausländerfeindlichkeit oder -freundlichkeit und das Verhältnis der Partei zur nationalsozialistischen Vergangenheit. Die dabei auftretenden Widersprüche bei der Beurteilung werden je nach politischen Bedürfnissen auf- oder zugedeckt.

Der ehemalige österreichische Bundeskanzler Franz Vranitzky erklärte zum Beispiel, er könne mit einer FPÖ unter Jörg Haider nie zusammenarbeiten, weil verschiedene Aussprüche des Vorsitzenden der FPÖ im Zusammenhang mit der Nazizeit ihm dies unmöglich machten.

Gehen wir davon aus, daß der Mann in der Tat diese Empfindlichkeit hat und dementsprechend reagieren muß, weil es ihm sein Gewissen so befiehlt.

Wo war nun dieses Gewissen bei all den antisemitischen und nazistischen Aussprüchen der Vertreter seiner eigenen Partei und der Österreichischen Volkspartei, mit der er in einer Koalition arbeitet? Wo war dieses Gewissen, als er in einer Partei groß wurde, die über Jahrzehnte die Rückkehr der NS-Flüchtlinge behinderte und sich gegen eine Rückerstattung des gestohlenen Vermögens aussprach?

Genau hier liegt die Scheinheiligkeit des antifaschistischen Moralisten. In den Grünbewegungen sitzen ehemalige Marxisten, die über Jahre in Form des Antizionismus rein antisemitische Erklärungen abgaben und für richtig hielten. Ganz abgesehen von ihrer Bewunderung für die diktatorischen Systeme in den ehemaligen Ostblockländern.

Die antidemokratische Tradition der Kommunisten wird verziehen, weil man ihnen fälschlicherweise eine antifaschistische Geschichte zuschreibt.

Die strengen Einwanderungsgesetze der konservativen Parteien in den verschiedenen europäischen Ländern werden von den Gegnern kritisiert, jedoch nicht als faschistoid erklärt, da man mit den Parteien auf anderen Gebieten zusammenarbeiten muß.

Der moderne Antifaschismus baut seine Existenz auf der gleichen Lüge auf, wie seine Vorgänger in den marxistischen Bewegungen. Er erklärt sich zu einer politisch-moralischen Notwendigkeit und will nicht erkennen, daß durch die willkürliche moralische Ausgrenzung eines Teiles der Bevölkerung jeder demokratische Dialog verhindert wird.

Lösungsmodelle in einer Demokratie sind jedoch immer amoralisch für die einen und moralisch für die anderen, weil man sich nach Mehrheiten richten muß.

Die Zulassung der Abtreibung ist demokratisch gesehen völlig in Ordnung, moralisch ist sie eine Todsünde für ihrer Kritiker. Die Öffnung aller Schulen für Schwarze in den USA war eine demokratische Notwendigkeit und motivierte dennoch Tausende Gegner dieser Entscheidung zu dramatischen, oft mit Bibelzitaten belegten Protesten.

Wenn man nun dem Antifaschisten sogar zugesteht, daß seine Ansichten eine moralisch berechtigte Grundlage haben, wo ist die Schmerzgrenze, die eine andere Meinung zuläßt, ohne sie moralisch auszugrenzen?

Die Legitimation des Antifaschismus in einer Demokratie wird heute immer mehr zur Farce. In einer peinlichen Aneinanderreihung von Warnungen, die sich auf die Wiederholung der Vergangenheit beziehen, schlägt der Antifaschist um sich und verhält sich dabei wie ein Jäger, der nur mit Schrotflinten arbeitet.

Demokratietherapie

Nach den letzten Wahlerfolgen der DVU in Deutschland wurde die Frage heftig diskutiert, ob der Zulauf für eine rechte Partei wie die DVU tatsächlich ein Signal für die Gefährdung der Demokratie sei.

Die Befürworter dieser Theorie beschränkten sich auf die Feststellung, daß die DVU eine rechtsextreme Partei sei und deshalb mit ihren Forderungen außerhalb der demokratischen Grenzen stehe. Daher sei sie eine nicht-demokratische Bewegung, mit der man nicht zusammenarbeiten dürfe. Natürlich kamen auch Vergleiche mit Faschismus und Nazismus auf, und die neuen Mitglieder und Vertreter der DVU in den verschiedenen Parlamenten wurden mehr oder weniger als Idioten beschrieben.

Zwei verschiedene, jedoch zusammenhängende Klischees kamen hier zum Einsatz. Erstens ist nach Ansichten der Antifaschisten eine rechtsextreme Partei immer auch faschistoid, weil eben der Faschismus von rechts kommt. Und zweitens müssen deren Anhänger und Mandatare nicht nur aufgrund ihrer Ansichten, sondern auch von ihrer Intelligenz her außerhalb des Normalbereiches der Gesellschaft angesiedelt sein.

Der antifaschistische Kritiker geht immer davon aus, daß Anhänger der »faschistoiden« DVU oder einer anderen rechtsextremen Partei in jedem Fall auch dümmer sein müssen als er selbst.

Die Gegner dieser Theorie versuchten eine Erklärung dafür zu finden, warum so viele Menschen dieser Partei ihre Stimmen gaben. Das Motiv war wichtiger als die Verurteilung, und einige unter ihnen lehnten eine pauschale Verdammung der Anhänger der DVU als Nazis ab. Gott sei Dank gibt es noch politisch denkende Menschen, die einen Unterschied im Wahlverhalten nicht nur mit der Intelligenz des Wählers begründen.

In einer modernen Demokratie sollten unterschiedliche Interpretationen eines politischen Phänomens zumutbar sein. Nicht so in der Beurteilung des rechten politischen Spektrums. Die Meinung jener, die in den Wahlerfolgen der DVU nicht Zustimmung zu einer extremistischen Partei sahen, sondern eher den Ausdruck eines Unbehagens in der Bevölkerung, eine Form des Protestes, wurde nicht als eine andere Meinung verstanden, sondern als ein Verharmlosen der Gefahr.

Doch damit nicht genug. Die Verneinung einer faschistischen Gefahr galt als eine Form der Solidarisierung mit den Rechtsextremen. Fehlte die Gleichstellung mit den Neonazis, wurde der Verharmloser selbst zum Neonazi erklärt. Der Gesinnungsterror der Antifaschisten hat auch in seinem Verständnis der Meinungsvielfalt eine eindeutig marxistische Tradition.

Die Qualität des Dialoges in einer Demokratie sagt sehr viel über die Stabilität einer demokratischen Gesellschaft aus. Das Festnageln einer politischen Gruppe als rechtsextrem und damit als kriminell beinhaltet den Vorwurf, daß diese Gruppierung eine Gefahr für die Demokratie darstellt.

Stellt man sich die Frage: In welcher Form? So kann es nur die Antwort geben: Falls sich genügend Menschen finden, die dieser Partei ihre Stimme geben, so bedeutet das ein Ende der Demokratie. Das Mißtrauen in die eigene Bevölkerung ist die wichtigste Grundlage für die Angst vor der Machtübernahme der Neofaschisten und Neonazis.

Wird jedoch der demokratischen Reife einer Bevölkerung mißtraut, wie beurteilt man damit die Stabilität der Demokratie in diesem Land?

Demokratiestabilität

Es gibt genügend Länder, in denen Parteien mit links- und rechtsextremistischen Programmen völlig legal neben den anderen Parteien um die Stimmen der Wähler werben. Wie sicher kann man sein, daß diese extremistischen Parteien nicht auch die Wahlen gewinnen und die demokratische Struktur verändern?

Scheinbar gibt es Bevölkerungen, die im Rahmen der freien Meinungsbildung sich nicht für die faschistoide Diktatur, sondern für die Demokratie entscheiden – und das schon immer getan haben in ihrer Geschichte, unabhängig von den wirtschaftlichen Verhältnissen.

Wie stabil ist eine Demokratie, in der eine rechts- oder linksextreme Partei zu den Wahlen zugelassen – jedoch kaum gewählt wird? Und wie stabil ist sie in jenen Ländern, in denen diese Parteien verboten werden müssen, damit sie niemand wählen kann?

Die Theorie der Antifaschisten geht in Richtung Verbot, Verhinderung und Eingriff des Staates. Die Nazi-Partei muß verboten werden, die nazistische Ideologie darf nicht verbreitet werden, der Neonazi, der faschistische Propaganda betreibt, muß ins Gefängnis.

Der quälende Irrtum, der hier als Argument im Sinne des Schutzes der Demokratie vorgebracht wird, ist die Behauptung, daß nur eine radikale Auslegung der jeweiligen Gesetze einen Schutz und damit eine Stabilität der Demokratie garantiert.

Diese Theoretiker erklären damit die Bevölkerung als unreif für die Demokratie und nehmen sich selbst gleichzeitig aus dem Volke heraus. Nur ein elitäres Denken, das einen qualitativen Unterschied sieht zwischen den »anderen« und »uns«, kann zu dieser Klassifizierung der Gesellschaft führen, die eine gewisse Ähnlichkeit mit dem faschistoiden Denken hat. Eine Hierarchie der Moral in der Bevölkerung erlöst den Antifaschisten von der Mühe des Überzeugens. Er selbst hat das Recht, die Menschen in verschiedene Gruppen einzuteilen, und bezieht Stellung in einem Umfeld, in dem es keine Widersprüche gibt.

Warum glauben Antifaschisten, daß sie die Wahrheit besser erkennen als der Rest des Volkes? Warum sind sie überzeugt davon, die besseren Demokraten zu sein?

Nach der Wahl des jetzigen österreichischen Bundespräsidenten, Thomas Klestil, schrieb die österreichische Tageszeitung *Der Standard* in einem Kommentar, daß vor allem die »kleinen Leute« den Präsidenten gewählt hatten. Im Artikel wurde den Lesern erklärt, was unter »kleine Leute« zu verstehen ist. Es ist vor allem die Landbevölkerung, und es sind die Menschen in den kleinen Städten mit einer geringeren Bildung und geringerem politischem Durchblick. Im Unterschied dazu gibt es offensichtlich die »großen Leute« in den größeren Städten.

Was hatte sich der Journalist dabei gedacht, der Bevölkerung auf dem Lande und in den kleinen Städten das politische Verständnis der Großstädter abzusprechen? Vielleicht ist es nur der einfache Sprachgebrauch, von den »kleinen Leuten auf dem Lande« zu reden, aber er zeigt eine Geisteshaltung, die typisch für die sogenannte Intelligenz ist. Die Bevölkerung wird in die »Dummen« und in die »Gescheiten« eingeteilt, und ständig schwebt die Wolke der Furcht über allem: Was tun, wenn die »Dummen« die Macht übernehmen?

Eine Demokratie ist jedoch nicht durch Verbotsgesetze zu stabilisieren. Nur im freien Wettbewerb der Ideen und Programme kann eine Gesellschaft von sich aus extremen Gruppierungen eine Absage erteilen. In diesem Dialog ist jedes Mittel erlaubt, das überzeugt, und hier kann auch der Antifaschist mit seinen Argumenten eingreifen. Er verliert jedoch seine Berechtigung in einem demokratischen Prozeß, wenn er ständig nach der Polizei und dem Staat ruft und im politischen Gegner einen Kriminellen sieht.

Nur die Ablehnung einer extremistischen Partei an der Wahlurne kann als Stabilitätsbeweis einer demokratischen Gesellschaft verstanden werden. Das Eingreifen der Polizei in einem politischen Dialog muß auf den kriminellen Bereich reduziert bleiben und hat sonst in einer modernen Demokratie keinen Platz.

So extrem diese Meinung auch klingen mag: Das Verbot einer faschistoiden Partei ist ein Beweis für die Instabilität einer demokratischen Gesellschaft. Erst eine freie Wahl, in der sich die Bevölkerung freiwillig für die demokratischen Parteien entschließt, zeigt eine gewisse Immunität gegen extremistische Ideen und Parteien. Wie in der Medizin ist eine Immunität nicht erreichbar durch eine Verhinderung des gefährlichen Einflusses. Schrittweise muß der Körper an das Fremde gewöhnt werden, und langsam entwickelt er eine Abwehrkraft, die ihn gegen die gefährlichen Einflüsse immun macht. Besitzt ein biologisches System keine Immunität, so muß es abgeschirmt und beschützt werden.

Die moderne Demokratie muß diesen Prozeß schrittweise durchmachen. Es wird in der Zukunft notwendig werden, auch politisch extremen Gruppen die Legalität zu geben, um sie in einer demokratischen Auseinandersetzung scheitern zu lassen und ihren theoretischen Erfolg nicht mit einem Verbot zu verhindern.

Deutschland wird erst dann in der Welt als völlig rehabilitiert von der Nazizeit auftreten können, wenn eine NSDAP bei der Wahl um Stimmen wirbt und sie sie niemand wählt. Solange der Staat mit Hilfe der Gesetzgebung die Möglichkeit verhindert, daß die Bevölkerung sich für eine faschistische Partei entscheidet, wird man nie wissen, wozu die Wähler bereit sind.

Der moderne Antifaschismus hätte in dieser Auseinandersetzung eine wichtige Funktion in einer Zukunftsdemokratie. Er könnte sich dafür einsetzen, daß alle Verbotsgesetze gegen Wiederbetätigung, faschistische und nazistische Bewegungen und Gruppen aufgehoben werden. In der direkten Auseinandersetzung hat er die Möglichkeit, die Bevölkerung zu überzeugen, sich für die demokratischen Parteien zu entscheiden.

Derzeit fürchtet er diesen Konflikt und weicht ihm aus. Er zieht es vor, den Gegner aus dem demokratischen Dialog auszuschließen oder ihn durch den Staat bekämpfen zu lassen.

Heimatlose Ausländerfeinde und -freunde

Wie leicht ist es doch, unter Freunden im Reihenhaus bei Kaffee und Kuchen das Problem der Ausländerfeindschaft zu besprechen und in eine kollektive Empörung auszubrechen. Wie schwer ist jedoch das Leben in einem Stadtteil, einer Straße, in einem Haus, wo Schritt für Schritt die heimische Bevölkerung durch ausländische Familien verdrängt wurde. Wie mühsam ist der Unterricht in einer Klasse, in der zwei Drittel der Kinder die Muttersprache des Gastlandes nicht beherrschen. Wie bitter ist das Schicksal eines Arbeiters, der seinen Arbeitsplatz verliert, weil ein illegaler Ausländer unter weitaus schlechteren Bedingungen bereit ist, die Arbeit zu übernehmen.

Die Diskussion der sogenannten Ausländerfrage wird von den Nichtbetroffenen geführt. Weder beteiligen sich daran die Inländer, die unter den Bedingungen leiden, noch die Ausländer selbst. Es ist eine reine Scheindiskussion, in der Menschen, deren Schicksal den lautstarken Rednern völlig gleichgültig ist, die Opfer benutzen, um die Täter zu identifizieren und anzugreifen.

Untersuchungen in den USA über die Veränderungen des Verhaltens der Einwanderer haben in den letzten Jahren interessante Ergebnisse gebracht. Noch vor einigen Jahrzehnten war es das erklärte Ziel jedes Immigranten in den USA, ein Amerikaner zu werden. Selbst Kinder von Einwanderern hatten Mühe, die Muttersprache der Eltern zu verstehen ;die Enkel waren bereits so amerikanisch, als hätten die Familien seit Generationen dort gelebt.

In den letzten zehn, zwanzig Jahren hat sich das verändert. Die neuen Einwanderer wollen zwar die Vorteile des amerikanischen Systems und haben die Absicht, sich als Staatsbürger in dieses System einzuordnen. Sie wollen jedoch ihre Kultur aus der Heimat behalten. Sie bleiben Ausländer im Inland, ziehen in Ghettos zusammen, öffnen ihre eigenen Geschäfte, sprechen ihre Sprache und möchten ihre Kinder in der kulturellen Tradition des Ursprungslandes aufziehen.

In vielen Fällen kommt es zu Konflikten zwischen der jungen und der älteren Generation der Einwanderer. Die Älteren lehnen die Kultur des Gastlandes ab und befürchten einen Einfluß auf ihre Nachkommen.

Die neuerworbene Staatsbürgerschaft wird oft nur angenommen, wenn man die alte behalten kann, und eine erzwungene Entscheidung zwischen den beiden Zugehörigkeiten endet oft mit einer Entscheidung zugunsten des Ursprungslandes.

Die Gastfreundschaft der neuen Heimat wird nicht als Großzügigkeit gesehen, sondern als eine Verpflichtung der »Reichen« gegenüber den »Armen«. Eine Stimmung des »Die schulden uns etwas« ist durch ein neues Selbstbewußtsein der Einwanderer aufgekommen.

Diese Entwicklungen haben einen enorm starken Einfluß auf die Bevölkerung des Gastlandes. Sie sieht sich mit Einwanderern konfrontiert, die sich als Fremde festsetzen und keine Absicht zeigen, diesen Zustand zu verändern. Der Inländer hat wenig Verständnis für die Bedürfnisse des zugewanderten Ausländers, der seine Heimat aus wirtschaftlichen Gründen verließ und sich in der neuen Heimat nicht unbedingt wie ein Gast benimmt.

Die Verweigerung der Assimilation durch die Einwanderer hinterläßt eine Fremdheit, mit der der Inländer schwer fertig wird. In seinen Augen ist der Fremde ein Gast, und von einem Gast erwartet man, daß er sich den Bedingungen des Gastgebers unterwirft. Sonst wirft man den Gast eben wieder hinaus aus dem eigenen Haus.

Dieses Gefühl, ein eigenes Haus zu haben, kann nicht mit einem faschistoiden Nationalismus und Chauvinismus gleichgesetzt werden.

Wenn der antifaschistische Kritiker das Ziel hat, das Leben der Ausländer zu verbessern, dann ist die Beschimpfung und gesellschaftliche Ausgrenzung der sogenannten Ausländerfeinde eine Garantie dafür, daß er sein Vorhaben nie erreicht. Die Angst vor Fremden kann begründet oder unbegründet sein und die Reaktion des Betroffenen übertrieben oder entsprechend. Das Recht, das sich der Antirassist nimmt, das Vorurteil gegen Fremde zu einer Voraussetzung des Verhaltens zu machen, das den Holocaust zuließ, ist einfach widerlich.

Zwischen der Abwehrhaltung gegen Fremde und dem geplanten Massenmord der Nationalsozialisten gibt es keinen Zusammenhang. Falls die modernen Antifaschisten und Antirassisten dies noch nicht erkannt haben, so sollten sie sich mit jenem Teil der europäischen Geschichte beschäftigen, den sie als Grundlage ihrer Argumentation benutzen.

Rassismus und Vorurteile gegen Fremde kennt jede Kultur. Manche Gesellschaften sind offener, manche schließen sich mehr ab gegen Fremde, manche sind liberal und manche konservativer. Das sind Entscheidungen, die von der jeweiligen Bevölkerung getroffen werden können. Keiner hat das Recht, sich hier als Richter aufzuspielen.

Die direkte Verbindung zwischen Vorurteil und Massenmord herzustellen gleicht einer peinlichen Verharmlosung des Holocaust und nicht einer Dramatisierung des Fremdenhasses. Die Angst – ob begründet oder unbegründet – kann niemandem genommen werden, wenn man ihn als potentiellen Mörder verurteilt.

Wenn die politische und gesellschaftliche Ausgrenzung des Rassisten keine Lösung des Problems ist, wie kann eine solche dann lauten? Wo ist die positive Rolle des »Ausländerfreundes«, um ein Zusammenleben der verschiedenen Kulturen und Traditionen zu fördern?

Entscheidend für eine Verbesserung dieser für Europa immer wichtiger werdenden Frage ist die Entemotionalisierung. Einwanderung ist ein organisatorisches Problem, das nicht nur an die Politik zurückdelegiert werden kann.

Der Antirassist, der an einem friedlichen Zusammenleben der In- und Ausländer interessiert ist, muß neue Modelle ausarbeiten, um die Spannungen abzubauen. Derzeit heizt er die Stimmung nur auf.

Die alten Modelle stimmen nicht mehr. Dem Wunsch der Einwanderer, ihre Kultur weitgehend zu erhalten, widerspricht die Phantasie der sogenannten Multikultur, die mit der Vorstellung eines Schmelztiegels eine Zukunft beschreibt, die alle Kulturen enthält – und damit leider gar keine.

In der Fremdenpolitik haben es die Antifaschisten besonders schwer. Hier fehlt ihnen jede Phantasie. Es werden keine neuen Modelle präsentiert, die den Konflikt entschärfen. Alles, was den Freunden der Ausländer einfällt, ist eine Liberalisierung der Einwanderungsgesetze, die vor allem auf den Widerstand der bereits integrierten Ausländer stößt. Sie sind es, die als erste die Arbeitsplätze verlieren, da sie schon vor Jahren, als sie ins Land kamen, die schlechtbezahlten Stellen übernahmen.

Der Antifaschist erhebt den Anspruch, eine Art Schutzmacht für den Ausländer zu sein, ohne einen Kontakt zu ihm zu haben, ohne ihn zu kennen und ohne jemals ein Wort mit ihm gesprochen zu haben.

Er degradiert ihn zu einem Bedürftigen, einem, der seine Hilfe braucht, und beugt sich gnadenvoll zu ihm herab. Wie in vielen Fällen wird hier die Opfersuche das Mittel zum Zweck der politischen Auseinandersetzung.

Falsch oder gefährlich

Antifaschisten haben ein im Grunde genommen einfaches Weltbild. Die Menschen werden je nach ihren Ansichten in gut oder böse, in harmlos oder gefährlich, in anständig oder unanständig eingeteilt.

Wie im Kindergarten oder in der Schule stellt das Benehmen die Grundlage für eine Beurteilung dar. Der Unterschied im Verhalten eines Erwachsenen und dem eines Kindes ist die Fähigkeit, die sozialen Konsequenzen der eigenen Entscheidungen klar zu erkennen.

Die Erziehung der Kinder läuft darauf hinaus, ihnen diesen Prozeß Schritt für Schritt zu erklären, so daß sie eines Tages selbst entscheiden können, was richtig und was falsch ist.

Antifaschisten beurteilen jedoch Erwachsene wie Kinder.

Sie verweigern den intelligenten Dialog, der eine Meinung als richtig oder falsch bewertet. Für sie ist die Welt in gut und böse einteilbar, nicht in richtig oder falsch.

Die Kritik an der zu liberalen Einwanderungspolitik ist für sie nicht falsch, sondern gefährlich, bedrohlich, beängstigend, eben rassistisch und faschistoid. Der Gegensatz dazu ist nicht eine richtige Politik, sondern eine gute, ehrenvolle, anständige, untadelige, rechtschaffene.

Eine intelligente Auseinandersetzung in der Politik kann es jedoch nur auf der »Richtig-falsch«-Ebene geben. In dieser Auseinandersetzung überzeugt das bessere Argument, und dieser Zweikampf der Ideen bildet das Rückgrat der Demokratie. Eine Verschiebung der Konfliktebene auf »anständig – unanständig« zwingt die Kontrahenten in eine infantile Struktur, die den Anforderungen einer modernen Demokratie nicht gerecht wird.

Der Antifaschismus ist nicht dazu fähig, seine Konflikte auf der »Richtig-falsch«-Ebene auszutragen. Er flüchtet sich in die Infantilität einer schulmeisterlichen Argumentation, in der es nur die moralische Autorität gibt. Dem zum bösen Kind erklärten Faschisten wird auch jede Chance zur Besserung abgesprochen. Man fordert eine Versetzung in eine Erziehungsanstalt, die die Gesellschaft vor ihm beschützt.

Mit diesem Konzept ist der Antifaschismus schon einmal in der Geschichte gescheitert. Gott sei Dank wurde Buchenwald von der amerikanischen und Auschwitz von der Roten Armee befreit, und die letzten noch lebenden Gefangenen mußten nicht auf die Hilfe der Antifaschisten warten.

Politischer Fundamentalismus

Eine der beliebtesten Theorien für die Ursache des Erfolges des Faschismus und Nationalsozialismus in den zwanziger und dreißiger Jahren ist die Unzufriedenheit und Enttäuschung der Menschen mit den ökonomischen Verhältnissen. In dieser Situation der Armut – so sagen die Anhänger dieser Erklärung – wandten sich die verzweifelten Menschen einem charismatischen Führer zu, dem sie bald willenlos ergeben waren.

Die Vertreter dieser vereinfachten Faschismustheorie warnen heute vor einer Wiederholung der Gefahr. Diese wird immer dann bedrohlich, wenn die wirtschaftlichen Bedingungen sich entscheidend verschlechtern. Wahlresultate in Deutschland, die einen Erfolg der extrem linken und rechten Parteien zeigten, wurden immer mit der Unzufriedenheit der Wähler erklärt. Eine politische Überzeugung wird den Wählern dieser Parteien nicht zugemutet.

Es ist interessant, wie die Intelligenz in Deutschland das politische Denken der sogenannten »einfachen« Menschen des Landes analysiert. Es kann gemäß ihrer intellektuellen Meinung immer nur die Menschen »dort oben« und die »da unten« geben. Die einen sind die Denkenden, die anderen die Dummen. Natürlich wählen die Dummen immer extrem rechts oder extrem links, da sie nicht befähigt sind, eine intelligente Entscheidung zu treffen, die sich nicht nur auf Logik, sondern auch auf Anständigkeit stützt.

In keinem Land in Europa ist die Schicht der selbsternannten Intellektuellen derart von sich eingenommen. In keinem anderen Land gibt es diesen intellektuellen Rassismus, der die Bevölkerung in verschieden kriminell veranlagte Gruppen einteilt und sich selbst auf das Podium der Richter setzt.

Eine kollektive kriminelle Reaktion auf Armut und Elend hat es nur in wenigen Ländern gegeben. Sie läßt sich schwer auf andere Staaten übertragen. Es gab in den zwanziger und dreißiger Jahren zahlreiche Nationen, die sich wirtschaftlich auf einem ähnlich schlechten Niveau befanden wie Italien und Deutschland, und die Bevölkerung rief dennoch nicht nach einem faschistoiden Führer. Die Arbeitslosigkeit in den USA veränderte das demokratische System nicht, und das Elend in Großbritannien hatte nicht zur Folge, daß sich der Führer der Faschisten dort durchsetzte.

Europa erlebt heute einen Wohlstand, wie es ihn noch nie gegeben hat. Trotz Arbeitslosigkeit und Einwanderungsproblemen leben die Menschen ohne Hunger und Not. Dennoch ist die Angst der Antifaschisten größer als je zuvor. Sie überschlagen sich mit Warnungen und Prophezeiungen, daß vor allem die Arbeitslosigkeit das faschistoide Potential explodieren läßt. Wieder kommt das Argument, daß der »Arme« in Deutschland auch immer ein potentieller Faschist sei.

Der Leitartikelautor in der Wochenzeitung *Die Zeit* findet schnell zu der Analyse, daß – wenn es nach der Mentalität der Stammtischgäste der Bierstuben in der ehemaligen DDR ginge – Deutschland sicherlich bereits wieder eine faschistoide Diktatur wäre. Diese Behauptung ist in der Tat faschistoid. Sie ist pauschal diskriminierend und unterstellt einer Minderheit ein eindeutig kriminelles Verhalten. Sie verurteilt wegen einer Äußerlichkeit und unterstellt einem Besucher des Stammtisches eine nationalsozialistische Gesinnung. Wenn der Autor das wirklich meint, sollte er wegen Wiederbetätigung angezeigt werden.

Der »ewige Antifaschist«

Der »ewige Antifaschist« übernimmt hier die Rolle des »ewigen Juden«, der, ausgestoßen von der Gesellschaft, sich verkriechend in seinem emotionalen Ghetto, angstvoll auf die faschistoiden Barbaren unter seinen Mitmenschen blickend, den Untergang prophezeit und sich für sein Zittern bezahlen läßt.

Es ist der »biertrinkende Untermensch« in der eigenen Gesellschaft, der den Staat, die Sicherheit und die Demokratie bedroht. Ihn zu bekämpfen wird zur Pflicht des Neoantifaschisten, der damit nicht nur seinen Beitrag zur Erhaltung der Demokratie leistet, sondern auch einen neuen Holocaust verhindert.

Diese neuen »Intelligenz-Arier« sind maßlos erstaunt, daß diese Gefahr nur so wenige im Land erkennen!

Die Definition des »Otto Normalverbrauchers« als gemeingefährlich, dumm, ungebildet, bösartig und sadistisch ist eine faschistoide Verhaltensweise, die sich als antifaschistisch etikettiert. Die Antifaschisten selbst – als die Weisen des Landes, die das Dumme und Gefährliche erkennen – heben sich aus dieser verdorbenen Gesellschaft und schaffen damit einen Rassismus der neuen Art, den es in dieser Form noch nie gegeben hat.

Dieser Rassismus teilt die Bevölkerung in »autoritäre Menschen« und »antiautoritäre Menschen« ein:

- Den Autoritären fehlt jede Begabung, den Unterschied zwischen demokratisch und autoritär zu erkennen. Der Halt einer autoritären Regierungsform gibt ihnen die notwendige Stabilität und damit auch die ersehnte Sicherheit. Der Autoritäre in der Gesellschaft ist immer bereit, Gewalt gegen jene einzusetzen, von denen er sich bedroht fühlt. Er lebt in ständiger Angst, daß andere seinen Lebensstandard und seine Sicherheit gefährden. Er läßt sich mobilisieren, aufhetzen und hat kein eigenes Gewissen. Er ist der sogenannte Protestwähler, der keine politische Entscheidung fällt, sondern nur seine Wut gegen jemanden richtet.
- Der Antiautoritäre versteht die politischen Zusammenhänge, die Machtstrukturen und erkennt die wahren Gefahren der Demokratie. Er ist jederzeit bereit, die Freiheit zu verteidigen. Er reagiert sensibel gegen Ungerechtigkeit und Machtmißbrauch, setzt sich für die Verfolgten ein und fühlt sich als ein Sehender, den niemand ernst nimmt. Erst die Katastrophe gibt ihm recht und wird ihm dann – wenn auch zu spät – die entsprechende Anerkennung bringen. Die grundlegende Philosophie des Antiautoritären ist die notwendige Teilung der Menschen in verschieden gefährliche Gruppen. Ungefährlich ist niemand. Er lebt mit seiner Angst genauso wie der Autoritäre, nur richtet er sie gegen andere.

Was beide verbindet, ist die Angst, die Unsicherheit, der Pessimismus und die Unfähigkeit zu einem demokratischen Dialog.

Dialogische Demokratie

Die modernen Theorien über die Weiterentwicklung der Demokratie konzentrieren sich vor allem auf die Methoden der Konfliktlösung. Die gewaltfreie Auseinandersetzung zwischen Partnern, die unterschiedlicher Meinung sind, gehört zu den grundlegenden Unterschieden zwischen Demokratie und einer autoritärenr Staatsführung. Diesem Grundsatz würde sicherlich auch jeder Antifaschist zustimmen, mit der einzigen Einschränkung, daß er selbst entscheidet, wo der Dialog als Konfliktlösungsmechanismus beginnt und wo er endet.

Die Vertreter der liberalen Demokratie gehen davon aus, daß die demokratischen Einrichtungen eines Staates die Aufgabe haben, mit den Methoden des Dialoges jeden Konflikt zu lösen. Wenn dies nicht möglich ist, sollte es dennoch zu keiner Änderung der Dialogmethoden führen. Die Fortsetzung des Dialoges wird als ein wichtiger Teil des demokratischen Prozesses gesehen.

Bei politischen Konflikten ist jedes Mittel akzeptabel, das den demokratischen Grundsätzen entspricht, wie zum Beispiel die Abstimmung. Nicht notwendig ist die Übereinstimmung als Lösung eines Konfliktes. Wichtig ist nur, auf welchem Wege versucht wird, das Ziel zu erreichen.

Der liberale Ansatz findet sich damit ab, daß es zu verschiedenen Fragen mehrere Antworten oder gar keine gibt. Er verweigert jedoch eine Einrichtung einer »Dialoggrenze«, der den demokratischen Institutionen das Recht gibt, zu entscheiden, ob die zu diskutierende Frage innerhalb oder außerhalb dieser Grenze liegt.

Eine moderne liberale Demokratie orientiert sich nicht nur am Resultat einer Willensbildung, sondern auch an der Methodik. Die lebendige Diskussion ist ein wertvoller Bestandteil der Demokratie und verlangt von allen Beteiligten ein hohes Maß an Toleranz und demokratischem Bewußtsein. Konfliktlösung ist die Fähigkeit, neue Ergebnisse miteinander zu erarbeiten. Dieser Prozeß ist für die Bevölkerung erkennbar und in jedem Schritt miterlebbar.

Wenn die Demokratie in diesem Sinne demokratisiert werden sollte, kann sie sich nicht eine moralische Ausgrenzung eines Teils der Bevölkerung leisten. Das System der demoautoritären Staatsform, die in Europa im Gegensatz zu den USA immer noch vorherrscht, gilt es zu überwinden. Die dialogische Demokratie kann jedoch nur auf den Prinzipien der Toleranz und der Gleichheit überleben, ganz gleichgültig, ob es sich bei der anderen Meinung um eine politische oder eine religiöse handelt.

Das Prinzip der Toleranz schließt eine Vorverurteilung aus und trennt sich somit vom Fundamentalismus, der selbst bestimmt, was innerhalb der Grenzen, die er setzt, noch für den Dialog annehmbar ist oder nicht.

Der Gegensatz in den Demokratien wird sich in Zukunft nicht mehr darauf beschränken, wer die Demokratie beschützt oder aber gefährdet. Das Argument der Neoantifaschisten, durch die moralisch-ethische Ausgrenzung ein Ende der Demokratie zu verhindern, erinnert an die Drohungen der Christen mit dem Teufel und den Qualen der Hölle. Die willkürliche moralische Grenzziehung behindert eine Weiterentwicklung der Demokratie und stellt die störende Verbindung her zwischen den modernen demokratischen Strukturen und den faschistischen Diktaturen der Vergangenheit.

Der Antifa-Fundamentalismus

Der dialogischen Demokratie steht als unerbittlicher Gegner der Fundamentalismus gegenüber. Dieser geht davon aus, daß eine unüberwindbare Barriere einen Dialog mit den Gegnern verhindert. Nur der endgültige Sieg über den Feind ermöglicht ein Zusammenleben unter Gleichgesinnten.

Dialog ist hier als Symptom für eine Denkweise zu verstehen, die als Voraussetzung für eine sich weiterentwickelnde Demokratie gelten kann. Das Vertrauen darf nicht auf einzelne Gruppen reduziert bleiben, die willkürlich auserwählt werden. In diesem Sinne ist die Dialogbereitschaft eine Fähigkeit, die in unserer Demokratie neu erarbeitet werden muß – durch ein Loslösen von veralteten politischen Vorurteilen und Kampfmethoden.

Antifaschisten haben immer nur von Kampf gesprochen und nie von Dialog. Auch der Neoantifaschismus ist nicht an einem Dialog interessiert und reagiert daher ähnlich wie andere demokratiefeindliche Strömungen. Wie eine religiöse fundamentalistische Bewegung geht er von einem Weltbild aus, das sich auf eine autoritäre Struktur und Philosophie beruft. Die Ordnung der sozialen Beziehungen ist auf Mißtrauen aufgebaut, das ein angeblich faschistoides Potential beim jeweils »anderen« erkennt. Diese Gefahr, die nicht nur den Antifaschisten, sondern alle bedroht, berechtigt zur Verdammung, zur Verurteilung und zum antifaschistischen Kampf.

Befähigt fühlen sich jene – und damit schließt sich der Kreis zu den Fundamentalisten –, die im Sinne der unbestreitbar richtigen »antifaschistischen Lehre« die Wahrheit erkennen. Wie die Priester in einer fundamentalistisch organisierten Religionsgemeinschaft zelebrieren die Neoantifaschisten ihren Glauben. Sie warnen, beschwören und drohen.

Sie sind der Prellbock einer modernen Demokratie, weil sie mit den Argumenten der Vergangenheit die Zukunft retten wollen. Ihr Grundprinzip ist die Intoleranz – wie bei jeder fundamentalistischen Bewegung. Sie rufen nach der Autokratie, die den Faschismus verhindert.

Solange der Neoantifaschismus als politischer Fundamentalismus den Dialog verweigert, so lange wird sich der Wähler für diese Bevormundung rächen. Er kann diese Einteilung der Wählerstimmen in intelligente und dumme nicht akzeptieren und rebelliert zu Recht. Alle Abgeordneten in einer Demokratie werden von gleichberechtigten Bürgern gewählt. Es kann nicht sein, daß die Stimmen der einen nichts gelten, weil die gewählten Vertreter aus dem demokratischen Dialog ausgeschlossen werden. Wenn dieses Ungleichheitsprinzip in einer modernen Demokratie umgesetzt werden soll, so muß auch die Bevölkerung je nach ihrem Wahlverhalten eingeteilt werden.

Derzeit werden Wähler mit dem Argument zu einer Meinungsänderung bewegt, daß eine Stimme für einen Abgeordneten einer »nichtdialogfähigen« Partei keinen Sinn hat. Dieses Argument erwies sich als lächerlich und überzeugte die Wähler nicht. Die Drohung, daß damit ihre Stimmen sinn- und nutzlos seien und sie ihre demokratischen Rechte verlören, provozierte ein gegenteiliges Verhalten der Wähler. Das spricht für ihre demokratische Reife, weil sie sich nicht erpressen lassen.

Der Kampf um das Gewissen

Demokratisierungsmodelle liegen immer im Konflikt mit der Macht und der Gewalt in der Gesellschaft. Erworbene Positionen wollen nicht aufgegeben werden, vor allem wenn sie sich auf das Gewissen berufen. Die Gleichberechtigung der unterschiedlichen politischen Positionen in einem dialogischen Konflikt setzt eine differenzierte Beziehung zur Autorität voraus. Dieser sind die Neo- und Postantifaschisten nicht gewachsen.

Ihre Mahnungen klingen wie Ordnungsrufe während eines Gerichtsverfahrens. Als würden sie sich auf ein geschriebenes Gesetz berufen, sprechen sie von einer historischen Verpflichtung. Gegenüber wem eigentlich? Den Opfern ihrer Großväter?

Es bildet sich so eine geistige Klassengesellschaft, in der nicht die materiellen Güter ungleich verteilt sind, sondern die moralischen. In diesem Sinne kämpft ein Teil der politischen Gruppierungen um eine moralische Umverteilung. Jene Parteien in Europa, die von den etablierten Gruppierungen aus dem politischen Dialog ausgeschlossen werden, haben in der Tat nichts zu verlieren als ihre »Ketten«.

Unbekümmert kämpfen die Ausgegrenzten und fühlen sich dem allgemeinen Gewissen nicht mehr verpflichtet, das sie – gleichgültig was sie tun – immer außerhalb positioniert. Selbst wenn eine »extreme« politische Partei ähnliche Worte von sich gibt wie die moralisch etablierten Parteien, so wird in dieser Handlung von den Gegnern sofort eine Täuschung erkannt, die nicht der echten Überzeugung entspricht.

Die moralisch-ethischen Grenzen des demokratischen Dialoges müssen daher im Sinne eines politischen Überlebenskampfes von den Neoantifaschisten verteidigt werden. Sie sind ihre letzte Machtposition, und eine Aufgabe dieser Stellung würde ihnen die politische und damit die gesellschaftliche Existenz rauben.

Gewalt als Mittel der Politik ist immer dann erlaubt, wenn sie sich gegen die Gewalt richtet – damit begründet die Antifa-Szene ihre Aktionen. Geradezu lächerlich wirken allerdings die Aktivitäten der militanten linksextremen Antifa-Szene, wenn sie in ihren schwarzen Stiefeln und schwarzem Outfit gegen die neuen Nazis in den Kampf zieht.

Wohlwollend werden diese peinlichen Lachaktionen von der angeblich liberalen Presse als Notwehr gegen die Neofaschisten beschrieben, und nicht selten liest man in Leitartikeln das Bedauern darüber, daß sich die Bevölkerung diesen Antifa-Kindergarten-Aktionen nicht anschließt.

Die Gewalt wird zur Bewältigung von Konflikten bevorzugt. Anspruchslos bis zum vielkritisierten Biertischniveau wird gehetzt und verurteilt. Clausewitz sagte einst, daß normalerweise die Gewalt das Gegenteil der Überredung sei, aber Neo- und Postantifaschismus haben diesen Kampf um den verbalen Sieg bereits aufgegeben. Die Auseinandersetzung um den richtigen und den falschen Weg zur Demokratie wurde längst zu einem plakativen Geschrei.

Mit dem Widerspruch leben

Kann es Bedingungen geben, unter denen alle Vertreter der verschiedenen politischen Richtungen einen demokratischen Dialog führen, oder sind wir in unserer kulturellen Entwicklung noch nicht so weit?

Anthony Giddens, der Autor des Standardwerkes über

176

die Zukunft der politische Kultur »Jenseits von Links und Rechts«, nennt drei Bedingungen für die friedliche Koexistenz unterschiedlichster politischer, kultureller und ethnischer Gruppierungen:

- den potentiellen Einfluß der dialogischen Demokratie,
- die Abwehr jeglicher Form von Fundamentalismus,
- die Kontrolle der negativen Spiralen der emotionalen Kommunikation.

Die Radikalisierung der politischen Auseinandersetzungen wird immer dann zur Gefahr, wenn der von den Antifaschisten »als schuldig Verurteilte« sich der Unterstützung seiner Wähler bewußt ist und die Angriffe benutzt, um noch mehr Stimmen zu bekommen. Wenn es in der Tat heute politische Gruppierungen gibt, die eine Gefahr für die Demokratie bedeuten und aus dem Dialog ausgeschlossen werden sollen, so dürfen sie nicht an Wahlen teilnehmen. Ist eine Partei einmal in den Kreis jener aufgenommen, die um die Stimmen kämpfen dürfen, so sind auch ihre Wähler in den demokratischen Dialog integriert.

Die einzige Möglichkeit, eine Partei aus dem demokratischen Prozeß auszuschließen, liegt im Verbot der Partei. Entspricht deren Programm den gesetzlichen Bedingungen, so darf niemand als Richter gegenüber dem Wähler auftreten. Diese Demütigung läßt sich kein Wähler mehr gefallen. Alleine in der Wahlzelle, von keinem beobachtet, ist der eine Wähler genauso wichtig wie der andere, und alle haben das Recht, ernst genommen zu werden.

Den modernen Antifaschisten bleibt daher nur noch eine Wahl: Kommunikation oder Gewalt!

Die Demokratie, die sich durch die Gleichheit der Wähler auszeichnet, wird eine Abstufung der Stimmen je nach einer willkürlichen moralischen Verantwortung nicht akzeptieren. Die so sehr befürchtete Mobilisierung des

»Mobs« im Sinne einer Destabilisierung der Demokratie wird in der Tat eintreten, weil der »Mob« es sich nicht mehr gefallen lassen wird, als dumm, autoritär und undemokratisch beschimpft zu werden. Die ständige Beleidigung der als »faschistoid« definierten Bevölkerung durch jene, die den antifaschistischen Röntgenblick zu besitzen glauben, wird den gegenteiligen Effekt haben. Jene »Verdammten« werden als Kollektiv reagieren. Dann ist wahrhaftig nur noch ein Führer vonnöten, der die Befreiung prophezeit.

Demokratie ohne Antifaschismus

Eines der entscheidenden Argumente, mit denen die Neoantifaschisten ihre politischen Interventionen verteidigen, ist die sogenannte Ausländerfeindlichkeit, die ihrer Meinung nach nahtlos in den Rassismus und den Faschismus übergeht. Wie bereits beschrieben, ist in den Augen der Neoantifaschisten die Abneigung gegen Einwanderer neben der Relativierung der Verbrechen des Holocaust das wichtigste Kennzeichen für faschistoide Parteien und Gruppierungen.

Beide Verhaltensweisen werden nicht voneinander getrennt. Für den Antifaschisten ist der Rassist der Faschist und der Faschist der Nationalsozialist und der Nationalsozialist der Antisemit, und der Antisemit wünscht sich neue Konzentrationslager und eine Wiederholung des Massenmordes an Minderheiten. So einfach ist das Böse zu erkennen.

Das Problem ist jedoch komplizierter und vielschichtiger. Die Abneigung eines Teils der Bevölkerung in Europa gegen eine unbegrenzte Einwanderung kann und darf nicht nur als Verantwortungslosigkeit und mangelnde

178

Sittlichkeit identifiziert werden. Für diesen wahrscheinlich entscheidenden Konflikt in den europäischen Gesellschaften muß nach neuen Lösungen gesucht werden. Dies ist nur möglich, wenn er entemotionalisiert wird. Einwanderungsgesetze mögen je nach politischer Überzeugung richtig oder falsch sein. Werden sie ausschließlich auf einer moralischen Ebene diskutiert, dann können keine Lösungen gefunden werden.

Wenn es in der Tat zum Überleben der Demokratie im Kampf gegen den Faschismus einer liberalen Einwanderungspolitik bedarf, dann soll doch im Sinne der antifaschistischen Tradition das Proletariat mobilisiert werden, um die Aufnahme der Zuwanderer zu garantieren. Die Antwort der arbeitenden Bevölkerung auf diesen Vorschlag kann man sich gut vorstellen.

Die Abwehr oder die Offenheit gegenüber Einwanderern entspricht einer Stimmung in der Bevölkerung. Kein Argument kann die Menschen überzeugen, einen Fremden aufzunehmen oder abzulehnen. Als 1956 in Ungarn die Revolution ausbrach, überquerten Hunderttausende die Grenze zu Österreich. Die Bevölkerung nahm die Flüchtlinge auf, gab ihnen zu essen und bot ihnen ihre Häuser als Unterkunft an. Das alles geschah nur elf Jahre nach dem Ende des Krieges. Die Kriegsgeneration – also jene Unmenschen, die den Nationalsozialismus verantworteten – reagierten damals so ganz »unrassistisch«.

Die Einsamkeit der Antifas

Sie bleiben alleine, die Neo- und Postantifaschisten mit ihrem Fanatismus gegen die Rassisten und Neofaschisten. Es fehlen ihnen Modelle, nach denen die verschiedenen Kulturen friedlich miteinander leben und die Reicheren den Ärmeren mit Vergnügen einen Teil ihres Wohlstandes abgeben. Es fehlen ihnen die Argumente, mit denen Gegner einer offenen Einwanderungspolitk überzeugt werden sollen. Sie können nicht einmal einen jugendlichen Neonazi überzeugen, daß er unrecht hat. Alles, was ihnen dazu einfällt, ist der Ruf nach Polizei und Staat.

Der Neo- und Postantifaschismus agiert daher in dieser so wichtigen Frage als politischer Fundamentalismus und benutzt das Schicksal des Einwanderers nur im Sinne seiner moralischen Ausgrenzungstheorie. Die Zukunft der Armen und Hilflosen ist ihm völlig egal. Es gibt nicht einmal eine einzige Hilfsorganisation, die sich auf den Antifaschismus beruft.

Er hat keine Funktion mehr als Gegner des Nationalsozialismus. Dieser existiert nicht mehr. Er hat keine Funktion in der Abwehr gegen moderne, post- und neofaschistoide Strömungen. Diese interessieren ihn nicht.

Er beißt sich fest an einem Weltbild, das historisch gesehen nie dazu entwickelt wurde, um die Demokratie zu errichten oder zu festigen. Er weiß und wußte keine Antworten auf die faschistoiden Strömungen in der Welt vor und nach dem Zweiten Weltkrieg. Er schwieg, als in den verschiedenen Diktaturen in den letzten fünfzig Jahren Tausende Menschen ermordet wurden.

Er schwieg, als die Dokumente der Archive in den ehemaligen kommunistischen Ländern aufdeckten, wie viele Verbrechen im Namen des Antifaschismus begangen wurden.

Er schwieg, als religiöse Fundamentalisten ganze Völker in ihre Gewalt brachten. Er vertritt heute weder eine politische noch eine moralische Elite, sondern nur noch den spießbürgerlichen Rest eines politischen Irrtums der Geschichte.

Wem heute die Zukunft der Demokratie Sorgen bereitet, der muß sich mit neuen autoritären und totalitären
Bewegungen beschäftigen. Hier liegt eine Gefahr, die
unterschätzt wird und worauf die neuen Intellektuellen
keine Antwort wissen. Eine politische Strategie gegen
jede Form des Totalitarismus zu entwickeln wäre eine
der wichtigsten Aufgaben einer modernen Antihaltung,
die sich auf die Stabilisierung der Demokratie konzentriert. Der traditionelle Antifaschismus, der Neo- und
Postantifaschismus haben ihre Schuldigkeit getan und
versagt. Sie sollten endlich in den Geschichtsbüchern ab-
gelegt werden.

Der moderne Mensch des beginnenden 21. Jahrhunderts hat die Möglichkeit, sich frei zu entscheiden, ob die
Demokratie demokratischer wird oder demoautoritär
bleibt.

Die Verbesserung des demokratischen Stils, die Inten-
sivierung des Dialogs und die Erweiterung des politischen Spektrums sind die Voraussetzungen für die fort-
schreitende Demokratisierung.

Alle anderen Verhinderungsmodelle führen in die ent-
gegengesetzte Richtung. Die Segmentierung der Gesellschaft in Kategorien der Moral und der Sittlichkeit hat in
einer kosmopolitischen Kultur nichts zu suchen. Was
sollte der nächste Schritt dieser Philosophie sein? Eine
geographische Trennung? Ähnlich den ökonomischen
Ghettos sollte es in Zukunft moralische oder intellektuelle Ghettos geben?

Die Zukunft gilt der Problemlösung und nicht der
Konfliktlösung durch Ausgrenzung. In der Theorie der
Konfliktlösungsmethoden sind Ausgrenzung und Dia-
logverweigerung Mittel der Flucht. Das ist historisch und
gesellschaftspolitisch gesehen die älteste und rückstän-
digste Form. Die am weitesten entwickelte ist die Dia-

lektik, die eine neue Lösung erarbeitet, mit der sich alle Konfliktpartner voll identifizieren können. Dazwischen liegen der Kompromiß, die Delegation und der Kampf. Die Menschheit versucht, sich vom Kampf abzuwenden, und die meisten Konflikte werden heute mittels Delegation oder Kompromiß gelöst.

Unser Jahrhundert war durch die ideologischen Bewegungen, die aus dem 19. Jahrhundert hervorgingen, ein Zeitalter des Krieges, der Verbrechen und des Verderbens. Die Linke und die Rechte verbissen sich in ideologische Wurzeln, was ein Aufeinanderprallen ihrer Anhänger zur Folge hatte.

Diese Phase ist vorbei. Wer das nicht erkennt, sollte in den Geschichtsbüchern nachlesen, bevor er sich mit Politik beschäftigt. Für neue Probleme, die die Menschheit bedrohen müssen neue Lösungen und neue Lösungsmethoden gefunden werden. Unabhängig von den alten Ideologien.

Neben den Gräbern für den Faschismus, den Nationalsozialismus und den Kommunismus kann nun auch der Antifaschismus endlich seine Ruhe finden.

Ausgang

Ich wurde 1947 in Wien geboren. Nur zwei Jahre nach der Befreiung von Auschwitz. Meine Eltern, beide aus jüdischen Familien kommend, hatten den Krieg in England überlebt. Mein Vater war siebzehn Jahre alt, als die Deutschen Österreich besetzten. Er verließ Wien ein paar Monate später mit drei Freunden in Richtung Belgien. Sie versuchten sich in einem Abteil des Zuges, der über die Grenze fuhr, zu verstecken und wurden verhaftet.

Mitten in der Nacht öffnete ein Offizier die Gefängniszelle, in der die drei saßen. Er teilte ihnen mit, daß sie erschossen würden und sie ihm folgen sollten. Mit seinem Privatwagen führte er sie in ein Waldgebiet und befahl ihnen auszusteigen. Dann zeigte er in eine Richtung und sagte, sie sollten verschwinden, dort drüben sei Belgien.

Wer war dieser Mann, der meinem Vater und seinen Freunden das Leben rettete? Ein Antifaschist? Ein Kommunist? Ein Nationalsozialist mit Herz oder schlechtem Gewissen?

Meine Mutter flüchtete aus Prag nach England. Sie war 1938 sechzehn Jahre alt und ließ ihre Mutter zurück. Sie hatte eine Einladung einer englischen Quäkerfamilie und einen falschen Taufschein eines Pfarrers aus Prag in ihrem Gepäck.

Ein deutscher Offizier, eine englische Quäkerfamilie

und ein tschechischer Priester retteten meinen Eltern das Leben. Es erinnert kein Denkmal an sie. Niemand kennt ihre Namen.

Meine Kinderzeit erlebte ich im besetzten Wien. Nicht weit von unserem kleinen Haus im 12. Wiener Gemeindebezirk, das in einer Nebenstraße nahe der Kreuzung stand, marschierten britische Soldaten jeden Morgen singend über die Hauptstraße, und ich lief, sobald ich sie hörte, hinüber zu ihnen. Am späten Nachmittag kamen sie zurück.

Schokolade hatten sie mir keine gegeben, Bonbons auch nicht.

Aufgewachsen in diesen Jahren nach dem Krieg in einer der wenigen jüdischen Familien, die 1945 nach Österreich zurückgekommen waren, war der Holocaust immer noch Alltag. Die Überlebenden mit ihren Geschichten und Erlebnissen umringten mich wie ein enger Kreis, aus dem es kein Entrinnen gab.

Für uns Kinder der Überlebenden war die Geschichte unserer Eltern und Großeltern keine Sammlung von Anekdoten und Erinnerungen, wie sie sonst von einer Generation zur anderen weitergegeben werden. Sie sprachen kaum über ihre Kindheit und Jugend. Selbst jene, die nie in einem Konzentrationslager waren, hatten Schwierigkeiten, über die Normalität des Lebens vor dem Holocaust zu erzählen.

Im Laufe der Jahre verlor der Schrecken der Vergangenheit seine Wirkung. Es begann zaghaft ein Leben in der Jetztzeit mit Urlaub in Italien, Skifahren in den Alpen, dem ersten Auto, den ersten Fernseher, der ersten Freundin, der Tanzschule und der ersten Liebe. Es war, als legten wir alle, die Überlebenden und ihre Nachkommen, die gestreifte Häftlingskleidung ab und versteckten uns in der Gesellschaft als normale Österreicher.

184

Ich bin kein Psychologe und habe auch nicht die Absicht, diesen Zustand zu analysieren, höchstens zu beschreiben. Diese Flucht ins Leben in den Nachkriegsjahren hatte etwas Versöhnliches und Beruhigendes. Meine Lehrer waren sicherlich zum überwiegenden Teil ehemalige Nationalsozialisten, ebenso wie die Eltern meiner Freunde und meiner Freundinnen. Schuld und Verantwortung waren damals keine Themen, weder auf der Seite der Opfer noch auf der Seite der Täter. Beide wollten leben, miteinander oder nebeneinander, aber nie gegeneinander.

Ende der Unschuld

In den sechziger Jahren änderte sich alles. Die Nachkriegsgeneration strömte auf die Universitäten, und die Zeit der sogenannten Achtundsechziger-Generation begann. Der Generationskonflikt gegenüber der Kriegsgeneration wurde von den Bildern des Krieges überlagert, und es begann die Zeit des Erwachens und der Konfrontation für die Kinder der Täter und auch die Kinder der Opfer.

Der Antifaschismus war keine Erfindung der Achtundsechziger. In den Jahren nach dem Krieg wurde er zu einem der am häufigsten mißbrauchten Begriffe in der damaligen DDR. In der Tradition des marxistischen Antifaschismus definierte sich der kommunistische Teil Deutschlands als Antithese zum Nationalsozialismus.

Die alleinige Verantwortung für die Verbrechen der Nazis wurde den Westdeutschen zugeschrieben. Da die einen schuldig waren, konnten die anderen nur unschuldig sein. Diesen Irrtum konnte man den Ostdeutschen noch verzeihen, da sie wie alle religiösen Menschen sich nicht an der Wahrheit, sondern an ihrem Glauben orientierten.

Schwieriger war das Verständnis für die neuen Bewegungen im Westen, die in der Vätergeneration die Vertreter der alten Ordnung erkannten und sich selbst – wie die DDR – als Antithese dazu definierten.

Der Antifaschismus entwickelte sich zur wichtigsten Grundlage einer neuen Identität der Nachkriegslinken. Als wollten sie der Welt und sich selbst beweisen, daß sie biologisch zwar von ihren Eltern abstammten, aber sie sonst rein gar nichts mit ihnen verbinde, flüchteten sie sich in eine Sprache, die in Tonfall und Wortwahl die Nähe zur Familie erst recht wiederherstellte.

Mich selbst beeindruckte die Achtundsechzigerer-Bewegung nur wenig. Der Widerstand gegen meine Eltern war keine Notwendigkeit, und den Beweis, daß ich »damals« anders gehandelt hätte, mußte ich nicht erbringen.

Der Antifaschismus meiner Kolleginnen und Kollegen an der Uni hatte etwas Komisches an sich. Die Demonstrationen gegen Neofaschismus, den Schah von Persien und den Krieg der USA in Vietnam waren volksfestartige Massenaufläufe, die von ihrer Stimmung her nicht zu überbieten waren.

Die Nachkommen der Opfer – wenn ich diese Gruppe so vereinfacht erfassen darf – faszinierte diese neue Gemeinschaft. Der Antifaschismus wurde zum Vereinssymbol einer neuen Generation, mit einer symbolischen Mitgliedskarte im Club der neuen Anständigkeit.

Ich war Anfang Zwanzig, als mich der Neoantifaschimsus der Achtundsechziger zum erstenmal beschäftigte. Was wollten die eigentlich, dachte ich mir damals?. Warum reagierten die so hysterisch auf den Nationalsozialismus? Was hatten ihnen die alten Nazis eigentlich angetan? Wurden sie verfolgt? Bedroht? Hatten sie Freunde, Verwandte, Kameraden in den Konzentrationslagern verloren?

186

Es schien mir absurd, daß einer, der nach dem Krieg geboren war, einen militanten Kampf gegen das längst Vergangene führte. Es war auch dies die Zeit, als ich zum erstenmal von jenen Studentenkollegen, die es besonders gut mit mir meinten, als Opfer identifiziert wurde. Ich tat ihnen leid, als Jude, als Sohn des Überlebenden, als Opfer des Opfers und damit selbst als Opfer. Ich selbst fühlte mich allerdings nie als Opfer.

Die Nachkriegskinder

In den achtziger Jahren schrieb ich zwei Interviewbücher über die Nachkriegsgeneration in Deutschland und Österreich. »Wir wissen nicht, was morgen ist – wir wissen wohl, was gestern war« war eine Sammlung von Gesprächen mit Kindern von Überlebenden des Holocaust. »Schuldig geboren« beschrieb die andere Seite, die Kinder der Täter.

In beiden Büchern kamen nur Personen zu Wort, die nach dem Krieg geboren waren.

In dem Interviewbuch mit den Kindern der Opfer erzählen einige über ihre Erfahrungen mit der Achtundsechziger-Generation und dem neuentdeckten Antifaschismus.

Edith, 1950 geboren, Tochter eines deutschen Juden, der in der Uniform der US-Armee zurück nach Deutschland kam, übersiedelte zu Beginn der siebziger Jahre nach Berlin, um hier zu studieren.

Sie beschreibt diese Zeit so:

»Eine euphorische Stimmung hatte ich erhofft und bin voll auf die Nase gefallen. 1972/73 war in Berlin alles in linker Hand. Die Studentenrevolte war vorbei, und überall saßen linke Professoren. Damals griffen Studenten auch noch in den Unterricht ein, und ich war zu Beginn ganz aufgeregt, das Diskutieren und Streiten mitten im Unterricht war mir neu.

Aber ich bin ins offene Messer gelaufen. Meine Naivität, die lautete: Links ist gleich antifaschistisch, und antifaschistisch ist nie antisemitisch. Aber die jungen Linken, die hier herumliefen, waren links, weil ihre Eltern rechts waren. Von Antisemitismus oder gar Judentum hatten die keine Ahnung und auch kein Gefühl dafür. Ich hatte hier in den ersten Jahren Erlebnisse, daraus könnte man ein eigenes Buch machen. Immer wieder lasen wir Texte, die eindeutig antisemitisch waren, und zwar nicht versteckt und hintergründig, sondern plump und dumm. Und immer wieder saß ich da und habe gewartet, daß alle in Empörung ausbrechen, ich eigentlich gar nichts sagen müßte, ich war doch unter lauter linken Genossen, Mitkämpfern und Neudenkern. Aber es kam nichts, kein Wort.

Und irgendwann kam der Punkt, an dem ich mich nicht mehr zurückhalten konnte, und ich war ganz aufgeregt und gereizt und sagte denen, was hier los ist. Die Reaktion der anderen war betretenes Schweigen. Die haben mich angeguckt mit großen Augen, und es kamen so halblaute Bemerkungen wie: die Supersensible, leicht neurotisch, Gras-wachsen-Hörende, emotional nicht ganz zurechnungsfähige Betroffene usw.«

Edith beschreibt dann einige Beispiele aus dem Seminarbetrieb, in dem über verschiedene literarische Arbeiten aus den dreißiger Jahren diskutiert wurde. Eines hebt sie besonders hervor. Es ging um eine Reportage über Berlin:

»An eine Reportage kann ich mich gut erinnern. Irgend so ein Graf von Soundso schrieb eine sozialkritische Reportage über Berlin. Er spazierte so durch die

188

Stadt, sieht eine Arbeiterdemonstration, die von der Polizei zerschlagen wird, dann kommt er ins reiche Viertel, alle gehen im Pelz herum, dann ins Arbeiterviertel, wo die Leute lungenkrank und blaß sind, zusammengepfercht in den kleinen Wohnungen sitzen, verschimmelte Wände, Kinder in Lumpen. Und dann kommt er ins Judenviertel. Da wird es ganz schlimm. Dort ist auf einmal alles schmutzig, die Kinder haben Krätze, die Juden haben klebrige Pejes, sie stehen nur herum den ganzen Tag und gestikulieren mit den Händen und Füßen.

Ich hab' das gelesen und dachte mir: Na gut, mein lieber Graf, ich weiß ja, wo du hingehörst. Es kam nämlich die entscheidende Frage des Seminarleiters: Ist der Graf aufgrund seiner Reportage ein Rechter oder ein Linker?

Darauf ich: Der ist ein Rechter und ein Antisemit. Aber die anderen haben gesagt, nein, das sei ein Linker und Kommunist. Gut, gab ich zurück, dann war's halt ein antisemitischer Kommunist, das soll's auch gegeben haben. Und nun waren alle aus dem Häuschen. Wie ich denn das sagen könne, die Sprachbilder, die er verwendet habe, eindeutiges soziales Engagement, der hat eben die paar Juden so gesehen, deswegen ist er doch nicht antisemitisch.

Aber ich ließ nicht locker. Sagte ihnen, so gehe das nicht, sie müßten doch sehen, daß hier z. B. die Arbeiter ganz anders beschrieben werden als die Juden. Und ich redete und redete, aber es kam nichts. Wieder nur Schweigen. Bis dann der Seminarleiter eingriff und das Thema mit einem Satz abschloß: Der Autor war ein Linker. Und wenn der das so beschreibt, dann wird es auch so gewesen sein.

Als ich diesen Satz hörte, war ich sprachlos …«

Sie beendet diese Erinnerung mit eher resignierenden Überlegungen:

»Die junge Generation, die neuen Linken, die so stolz auf ihr neues Bewußtsein waren, übten sich in Wiederholungen mit anderen Vorzeichen. Sie waren begeistert über den Ärger, den sie bei ihren Eltern verursachten, wie wenn der kleine Franz zum erstenmal vor dem Papi Scheiße sagt, so sprudelte ihnen das linke Vokabular aus dem Mund. Aber geändert hatte sich nichts. Juden, Judentum, Antisemitismus, mit all dem wollten sie eigentlich nichts zu tun haben. Die neue israelische Regierung war ihrer Meinung nach sowieso so schlimm wie die Faschisten. Galinski, der Vorsitzende der jüdischen Gemeinde in Berlin, ein ›Rechtsextremist‹, also warum sollte man sein eigenes Verhältnis zum Antisemitismus in Frage stellen. Und immer wieder und überall die verlogene Logik: Wir sind Linke. Und Linke können keine Antisemiten sein!«

Der Antifaschismus war das Erkennungssymbol der neuen Generation. Es bedeutete jedoch nichts. Weder versteckte sich dahinter eine neue Moral noch eine neue Überzeugung. Es war die Schulterschlußideologie der Nachkriegsgeneration. Ein klammheimliches Wärmegefühl strömte ihnen durch die Glieder, wenn sie das Böse im anderen und das Gute in sich selbst entdeckten, und sie arbeiteten schwer daran, dieses Gefühl nicht zu unterbrechen.

Der Verrat

Ich studierte von 1969 bis 1975 in Wien und wurde von einer etwas abgeschwächten Welle der Achtundsechziger-Bewegung erfaßt. Alles wurde in Wien nicht so heiß gegessen wie in anderen europäischen Universitätsstädten, und auch diese Revolution verlief in Österreich ebenso gemütlich und kontrolliert wie jede andere zuvor.

Zum allgemeinen Erstaunen meiner Freunde entschloß ich mich damals als Student der Pharmazie, als unabhängiger Kandidat für die konservative Studentenunion zu kandidieren. Das paßte nicht so zusammen. Jude und auf der Liste der Konservativen? Wie soll das gehen?

Zum erstenmal wurde ich damals mit einem Klischee konfrontiert, das mich bis heute verfolgt. Die theoretischen Interpretationen der Linken zum Thema Nationalsozialismus haben als Grundlage die Einteilung der Bevölkerung in Rechte und Linke. Da gibt es Künstler, Intellektuelle, Journalisten und einen Teil der Arbeiterschaft, die prinzipiell der linken Seite zugeteilt werden. Dann Stammtischbesucher, Taxifahrer, Kleinunternehmer, Manager, Tankstellenbesitzer, Kleinbürger, Polizisten, Soldaten und den anderen Teil der Arbeiter, die immer rechts sind.

Nationalsozialismus und Faschismus kommen von rechts, wurden von den Rechten verwaltet und durchgesetzt. Daher sind alle Rechten erstens für den Nationalsozialismus mit verantwortlich und zweitens daran interessiert, das alte Regime wieder zu errichten. Linke sind Antifaschisten, also auch Opfer des Nationalsozialismus, können daher nie Nazis gewesen sein und werden auch nie welche sein.

Juden waren Opfer des Krieges, also können sie keine Nazis gewesen sein. Sie sind auch heute keine – außer sie sind Israelis. Auch der Nachkomme der Opfer konnte kein Rechter sein, denn sonst wäre er ein Täter – so wie die Nazis damals und die Neonazis heute.

Diese Logik hinterläßt nur noch Verwirrungen.

Als ich mich im Herbst 1996 entschied, auf der Liste der FPÖ (Freiheitliche Partei Österreichs) für die Wahl zum Europäischen Parlament zu kandidieren, reagierte die Linke, aber auch die extreme Rechte mit Schaum vor dem Mund.

Sie sahen es als einen Verrat. An wem und an welcher Idee konnte mir jedoch niemand erklären.

Besonders häufig wurde ich kritisiert, daß ich als »ehemaliger Linker« nun zu den Rechten gestoßen sei. Wie kamen die zu meinem Linkssein? Fünfzehn Bücher hatte ich ich bis dahin geschrieben, eines sogar über die Rechtsextremen in Deutschland, Hunderte Artikel, Kommentare, Analysen. Ich kann mich nicht an einen einzigen erinnern, der eine linke Ideologie vertreten hätte. Im Gegenteil. Wer sich die Mühe gemacht hätte, auch nur ein paar dieser Arbeiten zu lesen, hätte leicht erkennen können, daß ich zumindest am konservativen Bereich einer Links-rechts-Skala einzuordnen bin.

Doch die Logik der Kritik war eine andere und richtete sich nicht nach den Tatsachen. Der jüdische Schriftsteller konnte nur ein Linker sein, ein Antirechter und somit ein Antifaschist. Von dieser Annahme ausgehend, war die Kandidatur für eine konservative Partei natürlich ein Verrat.

Alles veränderte sich nach meiner Kandidatur. Meine Bücher – von Antifaschisten und anderen Moralisten seit über zehn Jahren gelobt, besprochen, auf Bühnen gespielt – waren plötzlich nicht mehr wert, erwähnt zu werden. Ein Theater in der ehemaligen DDR setzte eine Bühnenfassung eines meiner Bücher ab. Der Fischer Verlag weigerte sich, meine Kinderbücher trotz bestehenden Vertrages als Taschenbücher herauszubringen. Der Verlag Kiepenheuer und Witsch in Köln, der jahrelang alle meine Bücher publiziert hatte, sagte alle zukünftigen Projekte ab.

Fritz Molden, der Verleger aus Österreich, selbst als Widerstandskämpfer viele Male geehrt, bot sich an, mein neues Buch herauszubringen. Das Jüdische Museum in

Wien fand eine lächerliche Ausrede, um mein neues Buch nicht dort vorzustellen.

Es erreichte mich keine einzige Einladung mehr für Lesungen und Diskussionen. Kein »Shoabusineß« für den Verräter. Keine Buchhandlungen, keine Theater, keine alternativen Gruppen, keine jüdischen Organisationen wollten meine Vorträge und Lesungen hören. Mein antifaschistischer Wert war dahin. Die Veranstalter sahen keinen Verwendungszweck mehr für mich. Nach 15 Jahren Antifa-Show mit Hunderten Auftritten zwischen Sydney, Dresden und Los Angeles erreichte mich keine Einladung mehr. Das jüdische Festival der österreichischen Botschaft in London strich meinen Namen mit schwarzem Filzstift aus dem Programm. Das jüdische Kulturzentrum in München lud zu einer Lesung mit Ignatz Bubis ein mit dem Zusatz: Garantiert ohne Peter Sichrovsky.

Für Bubis selbst, der mir monatelang sein Leben erzählt hatte, war ich plötzlich der »Haider-Jude«.

Angeblich liberale und linksliberale Zeitungen bezeichneten mich als »Hausjuden« der Freiheitlichen Partei und nannten es eine geschickte Taktik von Jörg Haider, mich als Kandidaten aufzustellen. Für die *National-Zeitung* und ehemalige FPÖ-Funktionäre, die die Partei längst verlassen hatten, war ich der deutschfeindliche Jude, und ein Kommentator der österreichischen Tageszeitung *Der Standard* warf mir vor, daß ich mich nicht einmal mehr als »Nachkomme eines Überlebenden« sähe.

Kritikzirkus

Wie eine Wand standen die Kritiker nebeneinander von ganz rechts bis ganz links und reagierten, unabhängig von ihrer politischen Herkunft, mit ähnlichen Argumenten.

Es paßte nicht in das so gewohnte politische Bild, in dem Gut und Böse bereits verteilt waren. So wie es war, sollte es bleiben. Dort die Linken, die in den Rechten die antidemokratische, neonazistische Gefahr sahen. Auf der anderen Seite die Rechten, für die jeder Linke ein Kommunist und damit Knecht Stalins war.

Mit den beiden mörderischen Diktaturen dieses Jahrhunderts – dem Kommunismus und dem Nationalsozialismus – wurde Alltagspolitik betrieben. Der politische Gegner konnte immer dann ertappt werden, wenn ihm eine Nähe zu einer der beiden Ideologien nachzuweisen war. Dieser Nachweis war nicht schwer zu erbringen.

Mit der Frage, ob es gut gewesen sei, daß unter Hitler neue Autobahnen gebaut wurden, hat ein angeblich ernstzunehmendes wissenschaftliches Institut in Österreich das rechtsradikale Potential unter Jugendlichen überprüft. Für die andere Seite konnte schon eine begeisterte Äußerung über ein Werk von Bert Brecht den Verdacht des Kommunistensympathisanten bedeuten. Die Verbindung zu einer der beiden extremistischen Ideologien konnte das Ende einer politischen Karriere sein, auch wenn der Verdacht noch so aus der Luft gegriffen war.

Nun taten sich die Kritiker meiner politischen Entscheidung allerdings besonders schwer. Der Vorwurf des Rechtsextremismus kam ihnen nicht so einfach über die Lippen, denn da blockierte sie der Philosemitismus. Sie hatten Schwierigkeiten, einen Sohn eines Juden aus Wien, der selbst vor den Nationalsozialisten flüchten mußte, Neofaschismus oder Neonazitum vorzuhalten. Die rechtsextreme Seite versuchte es mit dem Vorwurf des Kommunismus. Da gab es wiederum keine Hinweise.

Vor lauter Dunkel, in dem sie tappten, griffen die Kritiker dann in die Zauberkiste der Phantasie, um wenigstens irgend etwas vorzubringen. Die österreichische Tageszeitung *Die Presse* schrieb plötzlich vom »ehemaligen Maoisten« und versuchte die Zuordnung auf der linken Seite. Das Wochenmagazin *News* machte aus mir einen ehemaligen Berater des Sektenführers Otto Mühl. Andere rätselten, wieviel ich für meine Kandidatur bezahlt bekommen hätte.

Nicht einer versuchte meinen Entschluß als eine – für manche vielleicht falsche – politische Entscheidung zu verstehen. Und genau hier erreicht die ganze Debatte den Punkt, der die politische Unreife der Gesellschaft symbolisiert. Eine Willensbekundung wird in das eigene System politischer Vorstellungen von Recht und Unrecht gezwängt und dann entsprechend beurteilt. Hinterfragt wird die falsche Entscheidung nur im Hinblick auf die mögliche moralische Ausgrenzung. Eine inhaltliche Diskussion ist nicht möglich und wird auch mit allen Mitteln verhindert.

Die Denkweise des antiquierten, marxistischen Antifaschismus findet hier ihre Fortsetzung. Die Antihaltung gegen das Böse fordert den Kampf gegen den politischen Gegner, der nicht ein »Andersdenkender« im Rahmen des demokratischen Wettkampfes der Ideen ist, sondern ein Feind, der bekämpft und vernichtet werden muß.

Die wahren Mutigen

Diese Theorie erreichte mich erst in den siebziger Jahren, als ich zur Universität ging. Bis dahin war der Antifaschismus ein Symbol für den Widerstand während der Zeit des Nationalsozialismus. Ich kann mich an zahlreiche Erzählungen von Freunden meiner Eltern erinnern, die von vereinzeltem Widerstand handelten. Meist war damit nicht so sehr der Kampf gegen die Nationalsozialisten gemeint, sondern Hilfe und Unterstützung für die Verfolgten.

Fast immer waren es einfache Frauen und Männer, die Hilfe angeboten hatten. Mit dem Risiko, nicht nur das eigene Leben zu verlieren, sondern auch die ganze Familie zu gefährden, versteckten manche – und die waren die eigentlichen Helden des Krieges – Juden in ihren eigenen Häusern und retteten sie so vor den Gaskammern.

Was diese tapferen Menschen von den Antifaschisten unterschied, war ihre Motivation und ihre Menschlichkeit. Sie handelten nicht aufgrund einer politischen Überzeugung und benötigten keine Theorien, um einzugreifen und ihre Hilfe anzubieten. Die meisten von ihnen waren völlig unpolitisch und entschlossen sich wegen ihres Gewissens und einer inneren Verpflichtung zur Gerechtigkeit.

Ich kann mich an ein Erlebnis erinnern, als ich etwa neunzehn Jahre alt war. In dieser Zeit war der Haarwuchs ein entscheidendes Erkennungsmerkmal für die Bereitschaft, gegen das Establishment zu protestieren. Nun war das etwas schwierig mit meinen Haaren, da die Dichte keine wirklich extreme Länge zuließ. Nach einigen Wochen zwang mich regelmäßig das eigene Unbehagen, einen Haarschneider aufzusuchen, auch wenn ich dadurch das Symbol des Protestes ablegen mußte.

Als ich damals in der Nähe der Universität im Zentrum von Wien ein kleines Geschäft betrat und mich in den Sessel setzte, fing der Friseur nach wenigen Minuten an vom Krieg zu erzählen. Mir waren solche Gespräche immer unangenehm, und ich versuchte ihnen auszuweichen.

Der Mann war etwa zehn Jahre älter als ich, also zu jung, um damals wirklich dabeigewesen zu sein, aber nicht mehr so jung wie ich, der ich erst nach dem Krieg geboren wurde. Er erzählte von seinen Eltern, die ein Friseurgeschäft in Wien hatten, nicht weit von diesem hier, das er nun führte.

In ihrem Haus habe eine jüdische Familie gelebt, im zweiten Stock. Er selbst wohnte mit seinen Eltern im vierten, gleich unter dem Dachgeschoß. Die jüdische Familie konnte sich nicht entschließen, auszuwandern. Sie warteten und warteten, bis es zu spät war, und niemand mehr aus Österreich herauskam.

Meine Mutter, erzählte der Friseur während er meine Haare schnitt, richtete auf dem Dachboden ein Versteck ein. Dort blieb die Familie bis zum Ende des Krieges.

Warum sie das gemacht hätte, fragte ich ihn, sie habe doch die ganze Familie damit in Gefahr gebracht. Er wußte es nicht, sagte er, niemand hatte je darüber gesprochen, keiner hat je eine Frage gestellt, die Mutter wollte es so. Auch der Vater hatte nicht widersprochen.

Ein anderes Beispiel, leider nicht so positiv und heldenhaft, betrifft den Tod meiner eigenen Großmutter und der Schwester meines Vaters. Beide hatten sich in einem Haus im 2. Wiener Bezirk versteckt, wurden vom Hausmeister verraten und angezeigt. Sie überlebten den Krieg nicht.

Was unterschied die beiden voneinander? Den Hausmeister und den Friseur? War es die politische Überzeugung, die den einen zum Lebensretter und den anderen zum Mörder machte? War der Friseur der typische Antifaschist und der Hausmeister der typische Nazi?

Ein menschliches Verhalten braucht keine politische Theorie, kein Feindbild und kein Parteibuch.

Die falschen Freunde

Der Antifaschismus hat als Retter der Demokratie immer schon versagt. Er hat mich nicht davon überzeugt, daß dank seiner Kontrolle in den letzten Jahrzehnten die Demokratie sich stabilisiert hat. Er hat auch meinen Eltern oder Großeltern nicht geholfen zu überleben.

Das waren andere. Meist solche, die dank der klischeehaften Vorverurteilungen durch die Antifa-Generation, in den Dunstkreis der Nazis und Neonazis abgeschoben wurden. Wehrmachtsoffiziere sind seit der sogenannten Wehrmachtsausstellung kollektiv schuldig zu sprechen, auch wenn einer von ihnen meinem Vater und dessen Freunden das Leben gerettet hatte. Friseure gehören in die Klasse der Kleinbürger und Kleinunternehmer, die in Dutzenden Publikationen als das wahre Potential der Faschisten und Nationalsozialisten bezeichnet wurden.

Klischees, Vorurteile, moralische Ausgrenzung, das Werkzeug einer Nachkriegsgeneration, die den ausbleibenden Widerstand ihrer Eltern und Großeltern »wiedergutmachen« will.

In den siebziger Jahren erlebte der Antifaschismus eine neue Blütezeit. Mit dreiunddreißig übersiedelte ich nach Berlin und mußte hier erkennen, wie gemütlich und langweilig selbst die Auseinandersetzungen zwischen Antifas und bürgerlicher Gesellschaft in Wien gewesen waren. Hier in Berlin herrschte Krieg. Nur zehn Minuten zu Fuß vom »Antifaschistischen Schutzwall« entfernt, kämpfte eine neu-alte Linke gegen den Faschismus der kapitalistischen westlichen Gesellschaft.

Ich traute meinen Ohren nicht, mit welch altmarxistischer Terminologie die linken Gruppen in Berlin noch zu Beginn der achtziger Jahre argumentierten. Ausbeutung,

Imperialismus, die Miltärmacht USA – der gesamte Westen mit seinem Wirtschaftssystem wurde als eine neofaschistische Gefahr erkannt, die als Fortsetzung des nationalsozialistischen Systems zu bewerten war.

Der Onkel

Ich fuhr damals alle paar Monate nach Ostberlin, wo ich meinen Onkel besuchte. Er hatte Wien schon Ende der fünfziger Jahre verlassen, war sein Leben lang ein begeisterter Kommunist und auch nicht bereit, diese Überzeugung je aufzugeben. Er glaubte an die DDR. Dieser Staat war für ihn die einzige Garantie, daß sich der Nationalsozialismus nicht wiederholen würde.

Auch er überlebte den Krieg in England, wie mein Vater, und kehrte 1945 nach Österreich zurück. Er sah in der Mauer einen Schutzwall und hatte Angst vor dem Westen. Für ihn lebten jenseits der Mauer die alten Nazis. Trotz seines österreichischen Passes wollte er nie nach Westberlin reisen. Daß es manchmal in der DDR kein Obst gab und der Kaffee schlecht schmeckte, störte ihn nicht. Sein psychisches Wohlbefinden war ihm wichtiger.

Mein Onkel starb wenige Monate nach dem Fall der Mauer. Das Ende der DDR erlebte er nicht mehr bei vollem Bewußtsein, doch in den letzten Monaten mußte er erkennen, daß die Zeit des Kommunismus vorbei war. Vielleicht war er der letzte Antifaschist, der auf der Grundlage seiner marxistischen Überzeugung auch sein Leben einrichtete und freiwillig in einem Land mit einem fremden Paß lebte, aus dem zu flüchten mehrere Menschen mit ihrem Leben bezahlten. Er hätte nur den nächsten Zug nehmen müssen.

Während der vielen Nachmittage, die ich in seinem Wohnzimmer saß, fragte ich ihn ein paarmal vorsichtig, wie er es mit seinem Gewissen vereinbaren könne, einem derart diktatorischen Regime zu dienen. Einen Streit vermied ich. Wo war da meine Konfrontation mit der Elterngeneration, wie sie meine Generation immer wieder von den Nachkommen der Nazis forderte? Er war ein netter alter Onkel, mit einem trockenen Humor und absurden Geschichten aus einer Welt, die mir völlig fremd war.

Wenn auch seine Ideen und Vorstellungen meinen völlig widersprachen, so faszinierte mich ganz etwas anderes an ihm. Der Mann, der als Jugendlicher aus seiner Heimat vertrieben wurde, der seine Eltern und Geschwister verloren hatte, sein halbes Leben auf der Flucht war und auch den Niedergang des Systems seiner politischen Überzeugung erleben mußte, fühlte sich nie als Opfer. Diese Identität fehlte ihm, und vielleicht war es das, was ihn so sympathisch machte.

Er war überzeugt von seinen Ideen und vom Erfolg seines Kampfes. Der Gegner konnte nie so stark werden, als daß er sich vor ihm je gefürchtet hätte. Der Mut und die Selbstsicherheit waren es, die ihn von jenen Neoantifaschisten unterschieden, die das Drama einer angeblichen Bedrohung benötigen, um zu sich selbst zu finden und sich zu definieren in jenem Jammerzustand, der Mitleid und Verständnis erregen soll.

Vielleicht hat die reale Bedrohung einst den Menschen eine Sicherheit gegeben, die der verwöhnte Antifa-Wohlstandsbürger ewig vermissen wird. Er konstruiert sich heute eine Kulisse der faschistoiden Gefahr und spielt seine Rolle davor auf einer Bühne, vor der immer das gleiche Publikum sitzt, das mit einer Saisonkarte das ewig schaurige Schauspiel jeden Tag aufs neue erlebt und vor Schreck am ganzen Körper zittert.

Doch mein Onkel erinnerte mich auch noch an ein ganz anderes Problem. Irgendwann einmal ertappte ich mich bei dem Vergleich zwischen ihm und einem Mann gleichen Alters, der früher Mitglied der NSDAP war. Der Onkel hatte seine Gründe für die kommunistische Überzeugung. Damals, so erzählte er, wären die Kommunisten die einzigen überzeugenden Antifaschisten gewesen. Das war für ihn entscheidend für die Bereitschaft, sich ihnen anzuschließen.

Was sollte man darauf erwidern? Meine Hinweise auf die Verbrechen, von denen jeder spätestens seit dem Tod Stalins wußte, zählten nicht. Irrtümer, meinte der Onkel. Fehler passieren überall. Neue Bewegungen ändern sich. Mißverständnisse kommen vor, und falsche Führer kommen an die Macht, die ein neues System kaum verhindern kann.

Gut, soll es so sein. Wer bin ich, daß ich den alten Mann verurteilen sollte, dachte ich, während wir beide den schlechten ostdeutschen Kaffee tranken.

Die Schuld der Väter

Während dieser Zeit arbeitete ich an dem Buch »Schuldig geboren«, der Sammlung mit Interviews mit Kindern aus Nazifamilien. Eine Woche nach dem Gespräch mit meinem Onkel über die Verbrechen der Kommunisten und seine Gleichgültigkeit darüber interviewte ich eine Frau, deren Vater ihr nie mitgeteilt hatte, daß er bei der SS war. Sie fand erst nach seinem Tod die Dokumente. Ihre Geschichte war ergreifend, und manchmal wußte ich nicht mehr, wie ich auf ihre Erschütterung reagieren sollte.

Während sie das Interview unterbrach, um einen Anruf zu beantworten, dachte ich an meinen Onkel, an den Vater meiner Interviewpartnerin und den Friseur aus Wien. Der eine meldete sich zur SS, der andere wurde Kommunist, der dritte rettet eine jüdische Familie. Wie kommt es zu diesen Unterschieden?

Der Vater meiner Gesprächspartnerin begründete seine Überzeugung mit dem notwendigen Kampf gegen den Bolschewismus. Mein Onkel kämpfte mit seiner Entscheidung gegen den Faschismus. Beide träumten von einem idealen politischen System in der Zukunft. Nur die Mutter des Friseurs schien sich mehr mit dem alltäglichen Leben, seinen Sorgen und Gefahren zu beschäftigen.

Konnte ich einem ehemaligen Nationalsozialisten vorwerfen, daß er sich damals einer Partei anschloß, die ihm ein Leben in Freiheit, Sicherheit und Wohlstand versprach? Oder mußte ich ihn mit den Verbrechen der Nazis konfrontieren? Wie ist das mit einem Kommunisten? Ist ein Gespräch über den Kommunismus ohne Hinweis auf Stalin möglich? Ist die Mitgliedschaft bei KP oder NSDAP bereits ein Verbrechen? Muß man einen Unterschied zwischen Mitläufer und Verantwortlichen machen? Wo ist dann die Grenze? Hat sich der kommunistische Antifaschist anständiger benommen als der antikommunistische Nationalsozialist – obwohl sich später herausstellte, daß im Namen beider Ideologien Millionen Menschen ermordet wurden?

Menschen, die in einer anderen Zeit lebten und unter unterschiedlichen historischen Bedingungen Entscheidungen fällten, sind später leicht zu verurteilen. Dem Richter fehlt die persönliche Erfahrung. Er erlangt seine moralische Berechtigung nicht durch ein moralisch korrektes Verhalten, sondern durch eine Beurteilung der Lage aus der sicheren historischen Distanz.

Der Neo- und Postantifaschist hat sich jede Entscheidung erspart, die ihn das Leben hätte kosten können. Mit der Gnade der späten Geburt argumentiert er gegen die musealen Reste einer vergangenen Epoche, in einem sicheren Bunker sitzend, abgeschirmt gegen jede faschistoide Gefahr.

Ich bin in den letzten Jahren mit meinen Verurteilungen ehemaliger Nazis und Kommunisten etwas vorsichtiger geworden. Es muß eine persönliche Schuld nachweisbar sein, ob jemand an Verbrechen beteiligt war oder nicht. Eine kollektive Verurteilung entschuldigt nur die Schuldigen.

Der Opferstreit

Im Frühjahr 1995 fuhr ich nach Berlin, um zwei Drehbuchautoren aus den USA zu treffen. Ein amerikanischer Produzent hatte die Filmrechte an meinem Buch »Schuldig geboren« erworben und die beiden beauftragt, eine fiktive Handlung für eine Verfilmung zu entwickeln.

Einer der beiden, wir nennen ihn Jerry, war ein etwa fünfzigjähriger Jude aus Kalifornien, dessen Eltern bereits in den USA geboren wurden. Die andere, sie soll Susan heißen, war etwa vierzig und kam aus einer halb italienischen und halb englischen Familie. Das Drehbuch, das die beiden mitbrachten, strotzte nur so von Klischees. Die bösen Deutschen auf der einen Seite und die Juden und die Amerikaner auf der anderen. Da gab es leicht erkennbare Täter und Opfer, und die Geschichte war ebenso simpel wie ein Märchen aus Grimms Sammlung. Leider entsprach sie nicht der Realität, weder dem heutigen Deutschland noch dem heutigen Amerika.

Ich versuchte den beiden zu erklären, daß die Figuren und Charaktere in der Geschichte zu phantasievoll seien und nur alten Vorurteilen entsprachen. Wir saßen zu dritt in einem Restaurant am Kurfürstendamm und diskutierten und diskutierten und fanden zu keiner Lösung.

Susan unterstützte mich bei meinen Ideen und meinte, auch sie habe immer wieder darauf hingewiesen, daß die Charaktere nicht interessant und unterschiedlich genug seien. Jerry widersprach ihr. Er versuchte ihr zu erklären, daß sie – sozusagen als Nichtjüdin – davon nichts verstehe. Nur er und ich würden begreifen, was »damals« wirklich geschehen sei, und hätten dementsprechend auch das notwendige Verständnis dafür.

Ich fühlte mich irgendwo zwischen den beiden. Mir gefielen die Vorschläge von Susan, ich wollte aber auch Jerrys jüdische Bruderschaftsangebote nicht ganz enttäuschen.

Susan wurde irgendwann wütend und fragte Jerry, was denn seine Familie eigentlich getan hätte während des Krieges. Sein Vater habe nicht einrücken können, aus gesundheitlichen Gründen, antwortete er. Sie hätten damals schon in Kalifornien gelebt und von den Grauen des Krieges eigentlich nur aus der Zeitung erfahren. Dann fragte Susan mich nach meiner Familie, und ich erzählte ihr von meinen Eltern, wie sie flüchteten und wie mein Vater als britischer Soldat den Krieg überlebte.

Plötzlich stand Susan auf und schlug mit der Hand auf den Tisch. »Hat mich einer von euch schon gefragt, was mit meinem Vater geschehen ist?« schrie sie, so daß sie das halbe Restaurant hören konnte.

Wir versuchten sie zu beruhigen. Sie hatte recht. Wer fragt einen Nichtjuden schon nach dem Schicksal seiner Familie? Sie erzählte uns ihre Geschichte.

Susans Vater war in einer Spezialeinheit der amerikanischen Armee, die Sabotageattentate hinter der Front verübte. Er wurde von den Deutschen gefangen und in ein Gefangenenlager gesteckt. Zwei Jahre verbrachte er in diesem Lager, aß Ratten, um zu überleben, und sah täglich seine Kameraden sterben. Nach dem Krieg hatte er sich nie wieder erholt, und die ganze Familie litt unter den psychischen Störungen des Vaters.

»Wer ist nun das Opfer hier?« fragte Susan. »Der eine Vater saß während des Krieges in Kalifornien und überlegte, ob es warm genug ist, noch vor dem Büro in den Pool zu springen, und der andere in England. Und wo war mein Vater? Er saß in einem Dreckloch mitten in Deutschland und sah zu, wie die Nazis seine Kameraden ermordeten. Wer von uns dreien ist hier belastet von den Schrecken des Krieges und mußte mit einem Vater aufwachsen, der nie darüber hinwegkam? Bin ich die Tochter eines Überlebenden? Oder seid ihr die einzigen Opfer hier? Jetzt versteh' ich eure Nähe, weil ihr so viel Verständnis für das Leid der Opfer aufbringt!«

Susan hatte recht. Das Schicksal ihres Vaters war in der Tat ein anderes. Er war weder Jude noch Zeuge Jehovas, noch aus anderen rassischen oder religiösen Gründen von den Nazis eingesperrt. Das Monopolisieren der Opferrolle ist eine der schlimmsten Lügen über den Zweiten Weltkrieg.

Antifa als Orientierungshilfe

Ich habe mich nie als Opfer gefühlt und auch nicht als Sohn eines Opfers. Trotz antisemitischer Erlebnisse fühlte ich mich weder in Österreich noch während der vielen Jahre in Deutschland bedroht oder verfolgt. Ich schrieb ein halbes Dutzend Bücher über die Nachkriegszeit, über Rechte, über Linke, gab Interviews, trat bei Diskussionen auf und las aus meinen Büchern.

Angegriffen wurde ich nie von angeblichen Neonazis,

Rechtsextremen oder Antisemiten. In den einschlägigen rechten Publikationen kritisierte man meine Bücher, aber auch der offiziellen Zeitung des Zentralrates der Juden in Deutschland gefielen meine Bücher nicht. Das alles verstand ich als eine Meinungsäußerung gegenüber meiner Arbeit und meinen Ideen und konnte gut damit leben.

Alles änderte sich mit dem Zeitpunkt meiner Kandidatur für die FPÖ für das Europaparlament. Erst jetzt wurde ich von extrem links und extrem rechts zum Juden – und nichts anderem – abgestempelt. Erst diese politische Entscheidung weckte mich aus meinem Traum der Normalität, in der ich glaubte zu leben, und entblößte so manchen, der sich hinter seinem Philosemitismus erfolgreich versteckt hatte.

Vor allem jene Antifaschisten, die vorgeben, das Land vor der rechten Gefahr retten zu müssen, griffen mich besonders heftig an. Ihre Kritik richtete sich ausnahmslos auf die Tatsache, daß die FPÖ mich als »Juden« mißbrauchte und ich mich mißbrauchen ließ.

Erst dieser politische Schritt definierte mich in einer sehr eindeutigen Weise als Österreicher, der der jüdischen Religionsgemeinschaft angehört. Er demaskierte die Gutmenschen dieses Landes und erinnerte mich an die Vergangenheit, die doch noch nicht so einwandfrei überwunden ist. In diesem Sinne bin ich den Antifaschisten auch zu Dank verpflichtet. Sie haben mir geholfen, mich wieder zu erinnern, wer ich bin, wo ich herkomme und wo ich hin möchte.

Literatur

H. Arendt, »Das Urteilen«, München 1998

H. Arendt, »Elemente und Ursprünge totalitärer Herrschaft«, München 1996

L. Ceplair, »Under the Shadow of War«, New York 1987

F. Deppe (Hrsg.), »Faschismus«, Heilbronn 1996

R. Eatwell, »Fascism«, New York, 1995

R. Erlinghagen, »Die Diskussion um den Begriff des Antifaschismus«, Hamburg 1997

E. Fromm, »Die Furcht vor der Freiheit«, München 1997

F. Fukuyama, »Trust«, New York 1996

A. Giddens, »Jenseits von Links und Rechts«, Frankfurt/Main 1997

A. Grunenberg, »Antifaschismus – ein deutscher Mythos«, Reinbek, 1993

A. Gutmann and D. Thompson, »Democracy and Disagreement«, London 1996

F. Hacker, »Das Faschismus-Syndrom«, Frankfurt/Main 1992

A. Hamilton, »The Appeal of Fascism«, New York 1971

C. Keller (Hrsg.), »Faschismus«, Berlin 1996

W. Laqueur, »Fascism«, New York 1996

A. Lustiger, »Zum Kampf auf Leben und Tod«, Köln 1994

K. Marx und F. Engels, »Manifest der Kommunistischen Partei«, Stuttgart 1989

T. Mason, »Nazism, Fascism and the Working Class«, Cambridge 1995

F. Neumann, »Politische Theorien und Ideologien«, Baden-Baden 1977

L. Niethammer, »Der gesäuberte Antifaschismus«, Berlin 1994

E. Nolte, »Der Faschismus in seiner Epoche«, München 1995

R. Opitz, »Faschismus und Neofaschismus«, Bonn 1996

F. Pohlmann, »Marxismus – Leninismus – Kommunismus – Faschismus«, Pfaffenweiler 1995

W. Purtscheller u. a., »Delikt: Antifaschismus«, Berlin 1998

J. Rawls, »Political Liberalism«, New York 1996

W. Reich, »Die Massenpsychologie des Faschismus«, Köln 1997

G. Schwan, »Politik und Schuld«, Frankfurt/Main 1997